105 redenen waarom God jou vandaag wil genezen

Opdrachtenboek met meer dan 600 vragen

Timo Groot

105 redenen waarom God jou vandaag wil genezen
Opdrachtenboek met meer dan 600 vragen
Door Timo Groot

Voor meer onderwijsmateriaal en Bijbelstudies kun jij mijn
website www.LivingGospel.nl bezoeken.

Copyright: Timo Groot
Fotografie: Canva
juni 2025: Eerste druk
Uitgever: Timotheus media

ISBN: 9789083440880

De Bijbelteksten in deze uitgave zijn ontleend aan de Bijbel in
de Herziene Statenvertaling (Copyright ©2010/2016 Stichting
HSV).

INHOUD

VOORWOORD

Welkom bij dit opdrachtenboek, dat speciaal is geschreven om je te helpen dieper te graven in één van de krachtigste en meest hoopvolle thema's uit de Bijbel: Gods wil om te genezen.

Misschien heb je je wel eens afgevraagd: Waarom geneest God? Is genezing echt voor iedereen? Wat zegt de Bijbel er nu precies over? Of misschien geloof je al dat God geneest, maar zoek je naar stevige Bijbelse onderbouwing, of wil je leren hoe je die genezing zelf kunt ontvangen of doorgeven aan anderen.

Dit opdrachtenboek is bedoeld voor mensen zoals jij: gelovigen die niet tevreden zijn met oppervlakkige antwoorden, maar willen begrijpen wat God écht zegt. Geen menselijk idee, geen vage hoop, maar betrouwbaar Bijbels onderwijs dat je geloof versterkt, je denken vernieuwt en je hart raakt. In dit boek gaan we samen op ontdekkingsreis door de Bijbel. Elk hoofdstuk is gebaseerd op duidelijke theologische redenen waarom het Gods verlangen is dat mensen gezond zijn. Je zult ontdekken dat genezing geen bijzaak is, maar diep geworteld in Gods karakter, in Zijn verbond, in het werk van Jezus en in de boodschap van het Koninkrijk. Door middel van vragen, Bijbelteksten, reflectie-opdrachten en praktische toepassingen krijg je de kans om deze waarheden niet alleen te begrijpen, maar ook toe te passen in je eigen leven.

Wat dit opdrachtenboek uniek maakt, is de combinatie van diepgang en praktijk. De vragen zijn niet alleen bedoeld om kennis te testen, maar juist om je aan te moedigen na te denken, te bespreken, te bidden en het Woord van God te gaan leven. Je zult merken dat je, naarmate je verder komt in het boek, anders gaat kijken naar ziekte, gezondheid en Gods hart voor jou en de wereld om je heen.

Misschien zijn er momenten dat je merkt: Dit wist ik nog niet of Hier moet ik echt over nadenken. Dat is goed. Laat je uitdagen. Neem de tijd. Open je hart voor wat de Heilige Geest tot je wil zeggen. Want Gods Woord is levend en krachtig – het verandert levens. Ook dat van jou.

Dit opdrachtenboek sluit aan bij het onderwijs uit mijn boek over genezing (105 redenen waarom God jou vandaag wil genezen), waarin ik uitvoerig uitleg geef over elke reden waarom God wil genezen. Ik raad je aan om beide boeken samen te gebruiken, zodat je het onderwijs en de verwerking volledig meekrijgt.

Mijn gebed is dat dit boek je niet alleen antwoorden geeft, maar ook verwachting, geloof en een dieper vertrouwen in Gods goedheid. Dat je zal ontdekken dat Jezus niet alleen kwam om zonden te vergeven, maar ook om zieken te genezen, en dat Zijn werk vandaag nog even krachtig is als toen.

Veel zegen en inzicht gewenst bij het bestuderen van deze bijzondere waarheid. En vergeet niet: het is Gods verlangen dat je leeft: in lichaam, ziel en geest.

Timo Groot

BEGINVRAGEN

1. Welke argumenten dat God wil genezen kende jij voordat je dit studieboek bestudeerde?

2. Welke Bijbelteksten over genezing en ziekte kende jij voordat je dit boek las?

3. Denk jij dat genezing iets is wat God aan iedereen wil geven, aan slechts enkelen, of aan niemand? Waarom denk je dat?

4. Waarom is het belangrijk om te weten wat de Bijbel zegt over Gods wil met betrekking tot genezing?

5. Ben jij wel eens naar een genezingsdienst geweest, of heb jij een genezing meegemaakt?

6. Hoe denk je dat het komt dat sommige gelovigen nog niet genezen zijn?

7. Wat vind jij van de volgende stelling: "Genezing mag niet gepredikt worden om teleurstellingen te voorkomen."

8. Hoe kun jij Gods genezing doorgeven aan de mensen om je heen?

9. Wordt er in jouw kerk veel over genezing gesproken? Waarom wel of niet?

10. Denk jij dat mensen sneller tot geloof zullen komen wanneer christenen op straat bidden voor zieken?

11. Genas Jezus zieken? Kun je een aantal voorbeelden noemen?

12. Genazen de discipelen zieken? Kun je een aantal voorbeelden noemen?

Antwoorden

1. Voorbeeld: Ik wist dat Jezus tijdens zijn bediening op aarde veel mensen genas. Dat liet voor mij zien dat God betrokken is bij ons lichamelijk welzijn. Ook had ik gehoord dat God liefdevol is en geen ziekte geeft, maar juist wil herstellen.

2. Voorbeeld: Ik kende Jesaja 53:5: "Door zijn striemen is er voor ons genezing gekomen." Ook Jakobus 5:14-15, waar staat dat de oudsten kunnen bidden voor zieken en dat het gelovige gebed de zieke zal genezen.

3. Voorbeeld: Ik geloof dat God genezing voor iedereen beschikbaar wil stellen. Jezus genas alle mensen die in geloof tot Hem kwamen, en Hij is gisteren, vandaag en tot in eeuwigheid Dezelfde (Hebreeën 13:8). Dat laat zien dat Zijn wil niet veranderd is.

4. Voorbeeld: Omdat ons geloof gebaseerd moet zijn op Gods Woord. Als we niet weten wat God belooft, zullen we ook geen verwachting hebben. Door de Bijbel leren we met vertrouwen bidden en begrijpen we beter hoe genezing werkt in Gods koninkrijk.

5. Eigen antwoord.

6. Voorbeeld: Er kunnen meerdere redenen zijn: soms is er gebrek aan kennis, soms twijfel, of er zijn blokkades zoals onvergevingsgezindheid.

7. Voorbeeld: Ik ben het daar niet mee eens. We mogen de waarheid van Gods Woord nooit verzwijgen uit angst voor teleurstellingen. Mensen hebben juist onderwijs nodig over genezing, zodat ze leren hoe ze kunnen ontvangen wat God belooft.

8. Voorbeeld: Door te bidden voor zieken, het evangelie van het Koninkrijk te verkondigen en mensen te bemoedigen met wat de Bijbel zegt over genezing. Ook door zelf een leven van geloof en gebed te leiden, geef ik een krachtig voorbeeld.

9. Eigen antwoord

10. Voorbeeld: Ja, ik denk dat wonderen mensen kunnen openen voor het evangelie. Als mensen genezing ervaren, beseffen ze dat God echt leeft en van hen houdt. Dat kan hen helpen om in Jezus te geloven.

11. Voorbeeld: Ja, Jezus genas veel zieken. Hij genas blinden (Mattheüs 9:27-30), melaatsen (Lukas 17:11-19), een verlamde man (Markus 2:1-12), en wekte zelfs doden op, zoals het dochtertje van Jaïrus (Markus 5:35-43).

12. Voorbeeld. Ja, in Handelingen 3 genas Petrus een verlamde man bij de tempelpoort. In Handelingen 5 werden mensen genezen wanneer de schaduw van Petrus op hen viel. Ook Paulus genas mensen, zoals de vader van Publius op het eiland Malta (Handelingen 28:8-9).

H1 HEMELSE GEZONDHEID

1. Wat is de rol van bomen en bijen in Gods schepping?

2. Waar of niet waar: God moet voortdurend ingrijpen in de natuur om die draaiende te houden. Leg je antwoord uit.

Reden 1: Adam was volmaakt

3. Waarom schiep God Adam pas op de laatste dag van de schepping?

4. Wat zegt Genesis 1:31 over Gods oordeel over Zijn schepping?

5. Wat ontbreekt er in het scheppingsverhaal dat vandaag vaak voorkomt in het menselijk leven?

6. Wat is volgens Openbaring de functie van de Boom des Levens?

7. Noem twee redenen waarom Adam gezond moest zijn om zijn taak in de hof van Eden goed uit te voeren.

Reden 2: De mens is geschapen naar Gods beeld

8. Wat betekent het dat de mens naar Gods beeld is geschapen?

9. Waar of niet waar: Aangezien God niet ziek is, was het ook niet Zijn bedoeling dat mensen ziek zouden worden. Leg je antwoord uit.

10. Wat betekent het dat mensen ook na de zondeval nog steeds naar Gods beeld zijn gemaakt?

11. Wat betekent het dat wij gelijkvormig worden aan het beeld van Gods Zoon?

Reden 3: Gods levensadem

12. Wat blies God in de neus van Adam, en wat was daarvan het gevolg?

13. Wat betekent het Hebreeuwse woord ḥay?

14. Wat laat Gods adem zien over Zijn wil voor de mens?

15. Waarom kan Gods adem nooit ziekte of dood bevatten?

Reden 4: Ziekte kwam door de zondeval

16. Waar of niet waar: Ziekte was aanwezig in de hof van Eden. Leg je antwoord uit.

17. Wat was het gevolg van het eten van de boom van kennis van goed en kwaad?

18. Wat zegt Romeinen 5:12 over hoe de dood in de wereld kwam?

19. Waarom is ziekte geen onderdeel van Gods oorspronkelijke plan?

Reden 5: in de hemel en op de aarde

20. Wat is volgens Mattheüs 6:10 het verschil tussen Gods wil in de hemel en op aarde?

21. Hoe weet je dat God geen schaduw van omkeer heeft?

22. Waar of niet waar: Jezus verandert en past Zijn gedrag aan in verschillende tijden. Leg je antwoord uit.

23. Waarom is het belangrijk dat Gods wil op aarde gebeurt zoals in de hemel?

Reden 6: In de toekomst is iedereen gezond

24. Wat gebeurt er met pijn, moeite en ziekte tijdens de nieuwe hemel en aarde?

25. Waar of niet waar. In de nieuwe hemel en aarde zal er alleen nog emotionele pijn zijn. Leg je antwoord uit.

Reden 7: Het duizendjarig vrederijk

26. Wat zegt Jesaja 33:24 over de toestand van mensen in het duizendjarig vrederijk?

27. Hoe oud worden mensen tijdens het duizendjarig vrederijk?

28. Wat leert Jesaja 35:5-6 over genezing tijdens het duizendjarig vrederijk?

Discussie- en toepassingsvragen

1. Welke impact heeft het op jouw geloofsleven dat ziekte het gevolg is van de zondeval, en niet Gods bedoeling is?

2. Hoe kun jij bijdragen aan het brengen van "hemelse gezondheid" op aarde?

3. Wat betekent het voor jouw beeld van God dat Hij nooit verandert en geen schaduw van omkeer kent?

4. Welke hoop geeft de belofte van gezondheid in het vrederijk en de nieuwe aarde jou vandaag?

5. Leer de volgende Bijbeltekst uit je hoofd:
Uw Koninkrijk kome. Uw wil geschiede, zoals in de hemel zo ook op de aarde. (Mattheüs 6:10)

Antwoorden

1. Bomen zetten koolstofdioxide om in zuurstof, en bijen zorgen voor bestuiving en zaadverspreiding. Hierdoor kunnen mensen ademen en planten vrucht dragen.

2. Niet waar. God heeft de schepping zo ontworpen dat die zelfstandig functioneert, zonder dat Hij voortdurend hoeft in te grijpen.

3. God schiep Adam op de laatste dag omdat Hij eerst een volmaakte leefomgeving voor hem wilde maken. Adam zou anders niets te eten of te zien hebben gehad.

4. Genesis 1:31 zegt dat God alles wat Hij gemaakt had als "zeer goed" beoordeelde. De schepping was dus volmaakt.

5. Ziekte, pijn, lijden en tekortkomen komen niet voor in het scheppingsverhaal. Ze ontstonden pas na de zondeval.

6. De Boom des Levens draagt vruchten en bladeren die genezing brengen. Het is een beeld van voortdurende gezondheid (Openbaring 22:2).

7.

- Adam moest gezond zijn om de hof te bewerken en te onderhouden.
- Hij moest heersen over de dieren en kon dat alleen als hij kon spreken, zien en zich vrij bewegen.

8. De mens is geschapen naar Gods beeld: in staat tot spreken, denken, kiezen en heersen. Hij was oorspronkelijk heilig en volmaakt, dus ook zonder ziekte.

9. Waar. God is niet ziek en heeft nooit ziekte gekend. Daarom was het ook niet Zijn bedoeling dat mensen ziek zouden worden.

10. Ondanks de zondeval blijven mensen geschapen naar Gods beeld. Dat maakt elk mensenleven waardevol en kostbaar.

11. Het is Gods plan om mensen te herstellen naar het beeld van Jezus Christus: heilig, rechtvaardig en lichamelijk gezond.

12. God blies Zijn levensadem in Adams neus, waardoor Adam een levend wezen werd.

13. ḥay betekent leven, en omvat gezondheid, kracht en soms ook voorspoed.

14. Het laat zien dat God wil dat de mens leeft en gezond is. Hij gaf levensadem, geen doodsadem.

15. Gods adem is heilig en vol leven. Ziekte en dood horen niet bij Zijn wezen. Hij kan geen ziekte uitademen.

16. Niet waar. In de hof van Eden was geen ziekte. Ziekte kwam pas in de wereld na de zondeval.

17. Door het eten van de verboden vrucht kwamen schaamte, angst, vloek en uiteindelijk de dood in de wereld.

18. Romeinen 5:12 zegt dat door één mens de zonde in de wereld kwam, en door de zonde de dood. Zo is de dood tot alle mensen doorgegaan.

19. Omdat ziekte pas na de zondeval kwam. God schiep de mens gezond en zonder gebrek.

20. In de hemel wordt Gods volmaakte wil volledig gedaan, en iedereen is gezond. Jezus leert ons te bidden dat diezelfde wil ook op aarde zal gebeuren.

21. Jakobus 1:17 leert dat God geen schaduw van omkeer kent. Zijn goede karakter verandert niet.

22. Niet waar. Jezus Christus is gisteren, vandaag en tot in eeuwigheid Dezelfde (Hebreeën 13:8).

23. Omdat Gods wil gezondheid en leven inhoudt. Als Zijn wil op aarde gebeurt zoals in de hemel, zullen ook hier genezing en herstel plaatsvinden.

24. In de nieuwe hemel en aarde zal er geen pijn, geen moeite, geen ziekte en geen dood meer zijn (Openbaring 21:4).

25. Niet waar. Er zal géén emotionele pijn meer zijn. God zal alle tranen uit de ogen van Zijn kinderen wissen.

26. Jesaja 33:24 zegt dat niemand zal zeggen: "Ik ben ziek," omdat het volk vergeving en genezing van God ontvangt.

27. Mensen zullen honderden jaren oud worden. Wie op 100-jarige leeftijd sterft, wordt als jong beschouwd (Jesaja 65:20-23).

28. Jesaja 35:5-6 leert dat blinden zullen zien, doven zullen horen, kreupelen zullen springen, en stommen zullen spreken. Lichamelijke beperkingen zullen verdwijnen.

H2 SCHADUWBEELD GENEZING

1. Wat wordt bedoeld met een "schaduwbeeld" van genezing?

2. Waarom zijn de eerste vijf boeken van de Bijbel belangrijk om Gods wil met betrekking tot genezing te begrijpen?

3. In welk Bijbelvers staat dat de wet slechts een schaduw is van toekomstige heilsgoederen? Wat betekent dit?

Reden 8: de belofte van vruchtbaarheid

4. Wat beloofde God aan Abraham in Genesis 12:2?

5. Waarom was de belofte van een kind voor Abraham en Sara een genezingswonder?

6. Hoe oud waren Abraham en Sara toen zij een kind ontvingen?

7. Wat rekende God Abraham toe als gerechtigheid, volgens Genesis 15?

8. Hoe laat Romeinen 4 zien dat geloof leidde tot een wonder in het leven van Abraham en Sara, en welke sleutels gebruikten zij om in geloof te blijven staan?

9. Wat was de rol van geloof in de zwangerschap van Rebekka, en hoe uitte dit geloof zich?

10. Wat laat de ouderdom en verzadiging van dagen van de aartsvaders zien over Gods visie op gezondheid?

Reden 9: God geneest na bekering

11. Wat was de oorzaak van de ziekte in het huis van Abimelech?

12. Wat moest Abimelech doen voordat God hem genas?

13. Wie bad voor Abimelech, en wat gebeurde er daarna?

14. Wat leren we uit dit verhaal over het verband tussen zonde, ziekte en bekering?

15. Wat zegt dit verhaal over Gods trouw aan Abraham, ondanks zijn fout?

Reden 10: De Exodus: iedereen gezond weg

16. Wat is de geestelijke betekenis van de Exodus volgens 1 Korinthe 10?

17. Noem drie symbolische elementen uit de Exodus die verwijzen naar het werk van Jezus.

18. Hoeveel mensen trokken mee tijdens de Exodus, en wat hadden zij allemaal met elkaar gemeen?

19. Wat zegt Psalm 105:37 over de lichamelijke toestand van het volk Israël tijdens de uittocht?

20. Wat betekent het Hebreeuwse woord kāšal, en waarom is dat belangrijk in dit hoofdstuk?

21. Waar of niet waar. Er bleven 10.000 Israëlieten achter in Egypte omdat zij te oud waren om mee te gaan. Leg je antwoord uit.

22. Waren de Israëlieten rijk of arm toen zij uit Egypte vertrokken? Leg je antwoord uit.

Reden 11: Genezing in het Pascha

23. Wat moesten de Israëlieten doen tijdens het eerste Pascha in Egypte?

24. Hoe laat het Pascha onder koning Hizkia zien dat het verband houdt met genezing?

25. Welke twee zegeningen bracht het Pascha voor het volk Israël tijdens de uittocht?

26. Waarom is het belangrijk dat Jezus "ons Paaslam" genoemd wordt?

27. Noem twee overeenkomsten tussen het Paaslam van de Israëlieten in Egypte en Jezus Christus.

Reden 12: De koperen slang

28. Waarom kwamen er giftige slangen onder het volk Israël?

29. Wat moesten de mensen doen om genezing te ontvangen in Numeri 21?

30. Waar of niet waar. Toen het volk tot inkeer kwam, nam God de giftige slangen direct weg. Leg je antwoord uit.

31. Hoe verwijst de koperen slang naar Jezus en het kruis?

32. Komt het beeld van een slang vaker voor in de Bijbel? Zo ja, waar staat de slang symbool voor?

Reden 13: Mozes, het typebeeld van Jezus

33. Noem drie overeenkomsten tussen Mozes en Jezus.

34. Waarom wordt Mozes een middelaar genoemd tussen Israël en God?

35. Wat moesten Mozes en Aäron doen in Numeri 16:44–48 om de plaag te keren?

Discussie- en toepassingsvragen

1. Wat zou de reden kunnen zijn dat God genezing verbond aan het kijken naar een verhoogd voorwerp, in plaats van het volk meteen te genezen?

2. Wat leert Mozes' rol als middelaar tijdens Gods oordeel ons over Jezus als de uiteindelijke Middelaar?

3. In het verhaal van Abimelech zien we dat Abraham fouten maakte, maar dat God toch ingreep om Zijn belofte te beschermen. Wat leert dit over de betrouwbaarheid van Gods verbond, ook als mensen tekortschieten?

4. In dit hoofdstuk lezen we dat Abraham, Sara, Izak en Rebekka vruchtbaarheid en gezondheid ontvingen door geloof en gebed. Hoe kun jij leren om Gods beloften in geloof vast te houden, ook als het nog niet zichtbaar is?

5. Leer de volgende Bijbeltekst uit je hoofd:
Hij leidde hen uit met zilver en goud, onder hun stammen was niemand die struikelde. (Psalm 105:37)

Antwoorden

1. Een "schaduwbeeld" van genezing is een voorafschaduwing of gebeurtenis in het Oude Testament die verwijst naar het volmaakte werk van Jezus in het Nieuwe Testament.

2. De eerste vijf boeken van de Bijbel tonen beelden van Gods plan met de mens, inclusief genezing. Ze vormen de basis voor het begrijpen van Gods verbond, Zijn beloften en hoe Hij omgaat met zonde, ziekte en verlossing.

3. Hebreeën 10:1 zegt dat de wet slechts een schaduw is van toekomstige heilsgoederen. Dit betekent dat de rituelen en wetten in de Thora voorafbeeldingen zijn van het werk dat Jezus werkelijk zou volbrengen.

4. God beloofde Abraham dat hij een groot volk zou worden, gezegend zou zijn, en tot zegen zou zijn voor anderen (Genesis 12:2).

5. De belofte was een genezingswonder omdat Abraham en Sara lichamelijk te oud waren om kinderen te krijgen, en Sara haar hele leven onvruchtbaar was geweest.

6. Abraham was 99 jaar en Sara 90 jaar toen zij een zoon kregen.

7. God rekende Abraham zijn geloof als gerechtigheid toe toen hij erop vertrouwde dat God Zijn beloften zou vervullen, ondanks de natuurlijke onmogelijkheid (Genesis 15:6).

8. Romeinen 4 laat zien dat Abraham en Sara niet twijfelden, maar God eer gaven. Abraham was volledig overtuigd van Gods macht. Hun sleutels waren: vasthouden aan de belofte, niet naar de omstandigheden kijken, God aanbidden en niet twijfelen.

9. Rebekka was onvruchtbaar, maar Izak bad vurig tot de HEERE, en God verhoorde zijn gebed. Zijn geloof uitte zich in volhardend gebed.

10. De aartsvaders stierven oud en verzadigd van dagen. Dat laat zien dat gezondheid en een lang leven volgens Gods plan een zegen zijn voor de rechtvaardige.

11. De ziekte in het huis van Abimelech kwam doordat hij, zonder het te weten, de vrouw van Abraham (Sara) in huis had genomen, wat tegen Gods wil was.

12. Abimelech moest Sara teruggeven en Abraham moest voor hem bidden om genezing te ontvangen.

13. Abraham bad voor Abimelech, en God genas hem, zijn vrouw en slavinnen. Hun baarmoeders werden weer geopend.

14. Zonde leidde tot ziekte, maar door bekering en voorbede kwam er genezing. Het verband is: zonde → ziekte → bekering en gebed → herstel. Let op: niet alle ziekten komen door zonde, maar in dit voorbeeld was dat wel het geval.

15. God bleef Abraham trouw, ondanks zijn fout (de leugen over Sara). Gods verbond was sterker dan Abrahams tekortkoming.

16. De Exodus is een beeld van verlossing: zoals Israël bevrijd werd van slavernij, worden gelovigen door Jezus bevrijd van zonde en de vloek.

17. Voorbeelden:
- Doop in de zee = doop in Christus
- Manna = Jezus als het brood des levens
- Pascha = Jezus als ons offerlam

18. Ongeveer twee miljoen mensen trokken mee, en ze waren allemaal sterk genoeg om de reis te maken

19. Psalm 105:37 zegt dat niemand struikelde: dat wil zeggen: niemand was te zwak of ziek om mee te gaan.

20. Kāšal betekent wankelen of struikelen, wat wijst op licha-melijke zwakte. Dat dit niet gebeurde wijst op een genezings-wonder.

21. Niet waar. Niemand bleef achter. God had ervoor gezorgd dat iedereen gezond en sterk genoeg was om mee te gaan.

22. De Israëlieten vertrokken rijk. Ze kregen goud, zilver en kleding van de Egyptenaren (Exodus 12:35–36).

23. De Israëlieten moesten een lam slachten, het bloed op de deurposten aanbrengen en het lam in huis eten.

24. Tijdens het Pascha onder koning Hizkia bad Hizkia voor het volk, en God genas hen. Het Pascha werd verbonden met licha-melijke genezing.

25. Het Pascha beschermde tegen de dood van de eerstgebore-nen en bracht genezing voor het hele volk.

26. Jezus is ons Paaslam. Hij vervult het beeld van het lam uit Egypte, wiens bloed beschermde en genas.

27. Overeenkomsten:
- Het lam werd geslacht → Jezus stierf aan het kruis
- Het bloed beschermde tegen de dood → Jezus' bloed redt van de eeuwige dood

28. De giftige slangen kwamen omdat het volk klaagde, on-dankbaar was en God afwees.

29. Wie gebeten werd moest kijken naar de koperen slang die op een staak geplaatst was, als daad van geloof.

30. Niet waar. God nam de slangen niet weg, maar gaf een ge-nezingsmiddel: wie naar de slang keek, bleef leven.

31. De koperen slang is een beeld van Jezus die verhoogd werd aan het kruis. Wie in geloof naar Hem kijkt, ontvangt eeuwig leven en genezing.

32. Ja, de slang komt vaker voor, bijvoorbeeld in Genesis 3 en Openbaring 12 als beeld van satan. De slang is vaak een symbool voor zonde, oordeel, vloek of ziekte.

33. Overeenkomsten:
- Mozes leidde Israël uit slavernij → Jezus bevrijdt van zonde
- Mozes was middelaar tussen God en het volk → Jezus is onze eeuwige Middelaar
- Mozes deed verzoening voor het volk → Jezus is het volmaakte verzoenoffer

34. Mozes wordt een middelaar genoemd omdat hij namens het volk met God sprak en verzoening deed wanneer het volk gezondigd had.

35. In Numeri 16 moesten Mozes en Aäron snel handelen: Aäron ging tussen het volk staan met reukwerk en verzoende hen. Daardoor stopte de plaag.

H3 HET GENEZINGSVERBOND

1. Wat laat de wet van Mozes zien over het karakter van God en Jezus?

2. Waarom mogen gelovigen vandaag aanspraak maken op de beloften uit de wet van Mozes?

Reden 14: Genezing in het wetboek

3. Wat beloofde God aan Israël in Exodus 15:26?

4. Wat moest Israël doen om ziekte te vermijden volgens Exodus 23:25?

5. Hoe weten we dat God Zijn verbond niet verbreekt?

6. Wat betekent het voor ons dat een verbond uit wederzijdse afspraken bestaat, en niet uit eenzijdige beloften?

7. Waar of niet waar. Door onze eigen rechtvaardigheid is de vloek van de wet over ons leven verbroken. Leg je antwoord uit.

8. Leg in je eigen woorden uit wat Efeze 2:11–15 ons wil onderwijzen.

Reden 15: ziekte is vloek en gezondheid is zegen

9. Wat zegt Deuteronomium 28 over ziekte? Behoort ziekte tot de vloek of tot de zegen?

10. Waar of niet waar. Deuteronomium 28 spreekt alleen over bepaalde ziekten die letterlijk genoemd worden; andere ziekten vallen niet onder de vloek. Leg je antwoord uit.

11. Wat wordt bedoeld met "Gods stem gehoorzamen"?

12. Waar of niet waar. Wij kunnen zelf kiezen of we leven in de zegen of onder de vloek.

13. Is het Gods verlangen dat mensen in de zegen leven of onder de vloek? Leg je antwoord uit.

Reden 16: De vloek van ziekte is gebroken
14. Hoe werd Jezus tot vloek gemaakt?

15. Wat is het teken van de vloek uit Genesis 3 dat Jezus droeg?

16. Waar of niet waar. Jezus werd alleen tot vloek gemaakt voor de Joden, omdat de heidenen nooit onder de wet leefden. Leg je antwoord uit.

17. Wat deed Jezus met onze zwakheden volgens Mattheüs 8:17?

18. Wat gebeurde er met het voorhangsel toen Jezus stierf?

19. Geef minimaal vier zegeningen die wij vandaag ontvangen doordat Jezus de vloek op zich nam aan het kruis.

Reden 17: God zal alle ziekten wegdoen
20. Noem drie Bijbelteksten uit de wet van Mozes die laten zien dat God ons beschermt en verlost van ziekte.

21. Waarom is het belangrijk dat God de beloften van genezing meerdere keren geeft in de Bijbel en niet slechts één keer?

22. Wat betekent het dat God ziekte "uit uw midden" zal doen wijken?

Reden 18: Verlenging van de dagen in de wet
23. Wat betekent het dat onze dagen verlengd worden?

24. Waarom geldt de verlenging van dagen ook in onze tijd? Gebruik in je antwoord een verwijzing naar Efeze 6.

25. Waar of niet waar. Omdat God ons belooft dat we oud worden, kunnen we vandaag ongezond leven. Leg je antwoord uit.

Discussie- en toepassingsvragen

1. Wat zegt het over Gods hart voor mensen, dat Hij gezondheid als zegen belooft?

2. Ken jij iemand in jouw omgeving die gelooft dat God ziekte als een zegen beschouwt? Hoe zou je hem of haar kunnen overtuigen dat dit niet klopt?

3. Wat hoort onze houding tegenover ziekte te zijn, nu we weten dat God ziekte als een vloek beschouwt? Verandert dit de manier waarop jij naar ziekte kijkt?

4. Neem een moment de tijd om God te danken dat Hij Zijn Zoon naar de aarde heeft gestuurd om ons te verlossen van de vloek van de wet.

5. Leer de volgende Bijbeltekst uit je hoofd:
U moet de HEERE, uw God, dienen. Dan zal Hij uw brood en uw water zegenen. Ik zal ziekte uit uw midden doen wijken.
(Exodus 23:25)

Antwoorden

1. De wet laat zien dat God rechtvaardig, liefdevol en zorgzaam is. Ze toont Zijn verlangen naar orde, Zijn liefde voor mensen, Zijn zorg voor de kwetsbaren en het belang van gehoorzaamheid. Jezus vervulde deze wet en liet hetzelfde karakter zien.

2. Omdat Jezus ons heeft vrijgekocht van de vloek van de wet, maar niet van de zegeningen. Wij zijn deel geworden van Gods verbond en ontvangen de beloften door geloof.

3. God beloofde dat Hij hun Heelmeester zou zijn en geen van de ziekten op hen zou leggen die Egypte trof, als zij Hem zouden gehoorzamen.

4. Israël moest God dienen, Hem gehoorzamen en wandelen in Zijn geboden. Dan zou Hij hun brood en water zegenen en ziekte uit hun midden verwijderen.

5. De Bijbel leert dat God niet liegt (Titus 1:2) en Zijn woord altijd houdt (Numeri 23:19). Hij blijft trouw aan wat Hij heeft beloofd.

6. Het betekent dat wij ook een verantwoordelijkheid hebben. Als wij Gods Woord geloven en gehoorzamen, zal Hij Zijn beloften waarmaken. Een verbond vraagt wederzijds vertrouwen en toewijding.

7. Niet waar. Alleen door het offer van Jezus is de vloek verbroken. Onze eigen rechtvaardigheid is als een "vuil kleed", maar Jezus werd voor ons tot vloek gemaakt.

8. Door Jezus' dood zijn heidenen toegevoegd aan Gods verbond. Jood en niet-Jood zijn één geworden en delen samen in de beloften van God.

9. Ziekte wordt genoemd als onderdeel van de vloek die volgt op ongehoorzaamheid aan Gods wet.

10. Niet waar. In vers 61 staat dat ook elke ziekte en plaag die niet genoemd is, onder de vloek valt.

11. Gehoorzaamheid aan Zijn Woord, leven naar Zijn geboden en wandelen in wat Hij zegt. In het Nieuwe Testament houdt dit ook in dat we luisteren naar de Heilige Geest.

12. Waar. God zegt: "Kies dan het leven." Het is aan ons om te gehoorzamen en in de zegen te wandelen.

13. God verlangt dat wij kiezen voor leven, gehoorzaamheid en zegen. Hij wil niemand vervloeken.

14. Jezus stierf aan een kruis (hout), wat volgens de wet een teken van de vloek is. Hij droeg ook een doornenkroon. Dorens en distels zijn een teken van de vloek uit Genesis 3.

15. De doornenkroon verwijst naar de vloek over de aarde (dorens en distels). Jezus droeg deze vloek op Zijn hoofd.

16. Niet waar. Jezus werd tot vloek voor iedereen. Ook heidenen konden onder de vloek leven. Zijn offer is voor de hele mensheid.

17. Hij nam onze zwakheden op Zich en droeg onze ziekten, zodat wij genezing kunnen ontvangen.

18. Het voorhangsel scheurde van boven naar beneden. Dat betekent dat de scheiding tussen God en mensen werd opgeheven.

19. Vergeving van zonden, vrede met God, genezing, rechtvaardiging, overwinning op de dood, voorspoed en toegang tot God.

20. Exodus 15:26, Exodus 23:25 en Deuteronomium 7:15.

21. Om te bevestigen dat Zijn belofte betrouwbaar is. Volgens 2 Korinthe 13:1 staat elke zaak vast op grond van twee of drie getuigen.

22. Dat ziekte niet meer aanwezig zal zijn onder het volk. Gezondheid wordt de norm; ziekte verdwijnt uit de gemeenschap.

23. Dat wij een lang leven mogen ontvangen. God wil dat wij in gezondheid oud worden en onze dagen volmaken.

24. Efeze 6:2–3 citeert deze belofte voor de nieuwtestamentische gemeente. De belofte geldt dus ook voor ons.

25. Niet waar. De belofte van ouderdom gaat samen met gehoorzaamheid en wandelen met God. Hij wil dat wij gezond leven en geen misbruik maken van Zijn genade.

H4 GENEZING IN OUDE TESTAMENT

Reden 19: Geen woorden maar daden

1. Waar of niet waar. God kwam alles wat Hij gesproken had na, en er bleef geen enkel woord onvervuld. Leg je antwoord uit en geef een Bijbeltekst.

2. Wat bedoelt Paulus als hij zegt dat alle beloften in Christus "ja en amen" zijn?

3. Wat is volgens Jozua 1 de sleutel tot voorspoed en verstandig handelen?

4. Waarom is het belangrijk om het Woord van God voortdurend te overdenken?

5. Wat is volgens Spreuken 4:20–22 de relatie tussen het overdenken van Gods Woord en genezing?

Reden 20: Het gebed van Salomo

6. Wat was volgens 1 Koningen 8 de oorzaak van de (toen nog toekomstige) ballingschap en ziekte?

7. Wat zei Salomo dat God zou doen als het volk zich bekeerde en bad in de richting van de tempel?

8. Waar of niet waar. God zou alleen het gebed verhoren van Joden die tot de tempel baden. Leg je antwoord uit.

9. Hoe reageerde God op het gebed van Salomo volgens 2 Kronieken 7?

10. Waarom is het gebed richting de tempel voor ons vandaag niet meer nodig?

Reden 21: Job werd genezen

11. Wat is volgens Jakobus 5:11 de les die we kunnen leren van het leven van Job?

12. Wie veroorzaakte de ziekte van Job?

13. Waar of niet waar. God daagde de duivel uit om Job te beproeven. Leg je antwoord uit.

14. Waarom kunnen we Job 1:21 en 2:10 niet als theologische waarheid toepassen op ons leven vandaag?

15. Waar of niet waar. Job was tientallen jaren ziek, en werd daarna genezen. Leg je antwoord uit.

16. Wat gebeurde er met Job nadat hij bad voor zijn vrienden, volgens Job 42?

17. Wat zegt Ezechiël 14 over Gods houding tegenover rechtvaardigen zoals Job, na de wet van Mozes?

18. Waar of niet waar. Job werd niet beschermd door God. Leg je antwoord uit.

19. Wat zegt Kolossenzen 1 over onze huidige geestelijke positie in Christus?

20. Wat zegt het Nieuwe Testament over onze autoriteit over ziekte en duisternis?

21. Wat leert Jakobus 4:7 ons over hoe wij ons moeten verhouden tot de duivel?

22. Waar of niet waar. De vrienden die tegen Job discussieerden hadden gelijk en wisten waardoor Job ziek werd. Leg je antwoord uit.

Discussie- en toepassingsvragen

1. Stel, iemand in jouw omgeving is ziek. Is het belangrijk om de oorzaak van de ziekte te weten voordat deze persoon kan genezen?

2. Mediteer jij op Bijbelteksten die spreken over genezing? Zo ja, welke Bijbelteksten spreken jou het meeste aan?

3. Wat kunnen we leren van Salomo's gebed voor het volk en voor de vreemdeling over hoe wij mogen bidden voor anderen?

4. Hoe kun jij deze week op een praktische manier weerstand bieden tegen de aanvallen van de duivel, zoals ziekte of ontmoediging?

5. Leer de volgende Bijbeltekst uit je hoofd:
Zie, wij prijzen hen gelukzalig die volharden. U hebt gehoord van de volharding van Job, en u hebt de uitkomst van de Heere gezien, dat de Heere vol ontferming is en barmhartig. (Jakobus 5:11)

Antwoorden

1. Waar. God kwam alles wat Hij had gesproken na. Er bleef geen enkel woord onvervuld. Bijbeltekst: "Van al de goede woorden die de HEERE tot het huis van Israël gesproken had, is er niet één woord onvervuld gebleven: alles is uitgekomen." (Jozua 21:45)

2. Paulus bedoelt dat elke belofte van God in Jezus voor ons geldig is. Door Hem zijn alle beloften "ja en amen" voor wie in Hem gelooft (2 Korinthe 1:20).

3. De sleutel is: nauwkeurig handelen naar Gods Woord, er niet van afwijken, het dag en nacht overdenken en het voortdurend uitspreken.

4. Omdat Gods Woord geloof, wijsheid en richting geeft. Door het voortdurend te overdenken wordt ons geloof opgebouwd en blijven we wandelen in Zijn wil.

5. Spreuken 4:20–22 zegt dat Gods woorden leven zijn voor wie ze vinden en genezing voor heel hun lichaam. Gods Woord werkt genezend voor wie het bewaart en gelooft.

6. De oorzaak van ballingschap en ziekte was zonde – het volk had gezondigd tegen God (1 Koningen 8:33).

7. God zou hun gebed verhoren, hun zonden vergeven, herstel brengen en hen terugleiden naar hun land.

8. Niet waar. Salomo bad ook voor vreemdelingen die tot God zouden bidden richting de tempel. God wilde ook hen verhoren.

9. God verscheen aan Salomo en zei dat Hij het gebed had verhoord. Zijn ogen en hart zouden voortdurend op deze tempel zijn.

10. Omdat wij door Jezus directe toegang hebben tot God. Er is geen aardse tempel meer nodig, want God woont nu in ons.

11. De les is dat wie volhardt, uiteindelijk Gods barmhartigheid en herstel zal zien.

12. De duivel maakte Job ziek, niet God.

13. Niet waar. De duivel had al zijn oog op Job. God sprak erover, maar daagde hem niet uit.

14. Omdat Job niet wist dat de duivel hem aanviel. Hij sprak vanuit onwetendheid, en God corrigeerde hem later (Job 38:1–2; 42:7).

15. Niet waar. Job sprak over maanden van ellende (Job 7:3). Daarna werd hij genezen en leefde nog 140 jaar (Job 42:16).

16. God herstelde Job, verdubbelde zijn bezit en zegende zijn latere leven meer dan zijn vroege jaren (Job 42:10–12).

17. God zou rechtvaardigen als Job sparen, zelfs bij oordelen over een heel land (Ezechiël 14:14–20).

18. Niet waar. God had een beschermmuur rondom Job geplaatst. De duivel kon hem niet zomaar aanvallen.

19. Wij zijn overgezet uit de macht van de duisternis en overgebracht in het Koninkrijk van Jezus. Wij behoren Hem toe.

20. Jezus gaf ons autoriteit over alle kracht van de vijand. Wij hebben macht gekregen om op ziekte en demonische machten te treden.

21. We moeten ons onderwerpen aan God en weerstand bieden aan de duivel. Dan zal hij van ons wegvluchten.

22. Niet waar. De vrienden spraken dingen over God die niet klopten. God zei dat Zijn toorn tegen hen ontbrandde (Job 42:7).

H5 GOD GENAS EN MAAKTE ZIEK

Reden 22: God genas in het Oude Testament

1. Wat was de oorzaak van Mirjams melaatsheid?

2. Nadat Mirjam melaats werd, riepen Aäron en Mozes tot God. Hoe reageerde God op hun gebed, en wat moest Mirjam doen voordat zij weer gezond werd verklaard?

3. In 1 Koningen 17 lezen we over iemand die stierf. Wie was deze persoon?

4. Wat deed de profeet Elia toen hij hoorde dat deze persoon gestorven was?

5. Toen koning Hizkia hoorde dat hij zou sterven, richtte hij zich tot God. Wat zei hij in zijn gebed?

6. Wat antwoordde God op het gebed van Hizkia, en hoeveel extra jaren van leven kreeg hij?

7. Welk teken gaf God aan Hizkia als bevestiging van zijn genezing?

8. Wie was Naäman en waarom was zijn genezing bijzonder?

9. Elisa gaf Naäman de opdracht zich zevenmaal te wassen in de Jordaan. Hoe reageerde Naäman op deze opdracht?

10. Wat gebeurde er met Naäman nadat hij besloot zich zevenmaal onder te dompelen in de rivier de Jordaan?

11. Wat zei Jezus later over de genezing van Naäman? Was het toevallig dat juist hij werd genezen? Waarom wel of niet?

12. Hanna was kinderloos en bad in de tempel. Wat sprak zij uit in haar gebed tot God, en welke gelofte deed zij daarbij?

13. Eli dacht eerst dat Hanna dronken was. Wat zei hij uiteindelijk tegen haar toen hij haar verdriet en gebed begreep?

14. Wat veranderde er in Hanna's houding na haar gebed bij de tabernakel?

15. Welke belangrijke profeet werd geboren als antwoord op Hanna's gebed?

16. In 2 Koningen 4 lezen we dat een vrouw uit Sunem een kamer bouwde voor Elisa. Wat was haar motief om hem gastvrijheid en onderdak te geven?

17. Wat beloofde Elisa de vrouw uit Sunem vanwege haar vrijgevigheid?

18. Wat gebeurde er met het kind van de vrouw uit Sunem, en hoe reageerde zij?

19. Waar of niet waar. Elia heeft iemand uit de dood opgewekt, maar Elisa kon dit niet doen. Leg je antwoord uit.

20. Wat gebeurde er met de dode man die in het graf van Elisa werd geworpen?

Reden 23: Ziekte door een reden

21. Wat zegt Deuteronomium 30 over de keuze die God het volk Israël voorlegde tussen leven en dood?

22. In Exodus lezen we over de zwerenplaag in Egypte. Wat was de directe aanleiding voor deze plaag?

23. Waarom werd Mirjam in Numeri 12 plotseling melaats? Wat had zij gedaan waardoor Gods toorn ontstak?

24. Waarom stuurde God giftige slangen onder het volk in Numeri 21?

25. Volgens Hebreeën 3:17 stierven velen van de Israëlieten in de woestijn. Waarom moesten zij veertig jaar in de woestijn blijven?

26. Rachel stierf bij de bevalling. Wat wordt in de Bijbel genoemd als mogelijke oorzaak van haar overlijden?

27. Wat deed Gehazi waardoor hij melaats werd?

28. Wat deed koning Uzzia waardoor hij melaats werd?

29. Waarom zei God dat koning Ahazia niet zou genezen van zijn ziekte?

30. In 2 Kronieken 16 wordt koning Asa ernstig ziek aan zijn voeten. Waarom zegt de Bijbel dat koning Asa ondanks zijn ziekte niet genas?

31. Waarom stierf het kind van David en Bathseba volgens 2 Samuël?

32. In 2 Koningen 7 lezen we over vier melaatsen bij de stadspoort. Wat besluiten zij te doen vanwege de hongersnood?

33. Wat was volgens de Bijbel de geestelijke oorzaak van de hongersnood, ziekte en ellende in Israël ten tijde van deze vier melaatsen?

34. Waarom werd Ezechiël tijdelijk met stomheid geslagen, en wat was het doel daarvan?

35. Wat gebeurde er tijdens Jakobs worsteling met een man (een engel of God zelf), waardoor hij de rest van zijn leven mank liep?

36. In welke unieke situaties kan het voorkomen dat God iemand ziek maakt?

Discussie- en toepassingsvragen

1. In het Oude Testament had ziekte altijd een reden. Geldt dit ook voor het Nieuwe Testament, en wat kunnen wij hiervan leren?

2. Waarom genas God ook mensen die geen deel uitmaakten van het volk Israël, zoals Naäman? Wat zegt dit over Gods karakter?

3. Sommige mensen in het Oude Testament ontvingen geen genezing omdat zij God niet zochten, zoals koning Asa. Wat betekent dit voor jouw vertrouwen in God als Geneesheer vandaag?

4. Hanna ervoer diepe pijn, maar haar houding veranderde na gebed. Wat kunnen wij leren van haar manier van omgaan met verdriet, en hoe kunnen wij dit toepassen in ons dagelijks leven?

5. Leer de volgende Bijbeltekst uit je hoofd:
Ik roep heden de hemel en de aarde tot getuigen tegen u: het leven en de dood heb ik u voorgehouden, de zegen en de vloek! Kies dan het leven, opdat u leeft, u en uw nageslacht. (Deuteronomium 30:19)

Antwoorden

1. Mirjam werd melaats omdat zij tegen Mozes sprak vanwege zijn huwelijk en daarmee tegen Gods gezag inging.

2. God verhoorde het gebed van Mozes, maar liet Mirjam zeven dagen buiten het kamp verblijven voordat zij genezen werd verklaard.

3. De gestorvene was de zoon van de weduwe in Zarfath, bij wie Elia verbleef.

4. Elia bad vurig tot God, legde zich driemaal op het kind en vroeg dat de ziel zou terugkeren.

5. Hizkia herinnerde God aan zijn trouw en oprechtheid, en hij huilde bitter toen hij tot Hem bad.

6. God verhoorde zijn gebed en gaf hem vijftien extra levensjaren.

7. God liet de schaduw op de zonnewijzer tien treden teruggaan als teken van genezing.

8. Naäman was een Syrische legeraanvoerder en een vijand van Israël. Zijn genezing was bijzonder omdat hij geen deel had aan het verbond, maar toch genezing ontving door geloof.

9. Naäman werd boos en weigerde aanvankelijk, omdat hij het te eenvoudig vond en zich schaamde.

10. Nadat hij zich gehoorzaam zevenmaal waste, werd hij volledig genezen; zijn huid werd als die van een kind.

11. Jezus zei dat er veel melaatsen waren in Israël, maar alleen Naäman werd genezen vanwege zijn geloof en gehoorzaamheid.

12. Hanna vroeg om een zoon en beloofde dat zij hem aan God zou wijden voor zijn hele leven.

13. Eli zegende haar en zei dat God haar gebed zou verhoren.

14. Hanna stond op, at, en was niet langer bedroefd. Zij geloofde dat God haar gehoord had.

15. De profeet Samuël werd geboren als verhoring van haar gebed.

16. Zij wilde de man Gods eren en hem rust en verzorging bieden tijdens zijn reizen.

17. Elisa beloofde haar dat zij binnen een jaar een zoon zou baren, ondanks haar kinderloosheid.

18. De zoon stierf plotseling, maar de vrouw zocht direct Elisa op en vroeg hem vol geloof om hulp.

19. Niet waar. Elisa wekte ook doden op, waaronder het kind van de Sunamitische vrouw.

20. Toen het lichaam van de man de beenderen van Elisa raakte, werd hij weer levend en stond hij op.

21. God legde het volk de keuze voor tussen leven en dood, zegen en vloek. Leven en zegen volgden op gehoorzaamheid.

22. De zwerenplaag was een oordeel over Egypte vanwege hun ongehoorzaamheid en onderdrukking van Israël.

23. Mirjam sprak opstandig over Mozes' leiderschap en stelde zijn gezag ter discussie, wat leidde tot haar ziekte.

24. De Israëlieten klaagden en rebelleerden tegen God en Mozes; daarom stuurde God giftige slangen.

25. Door ongeloof en opstand tegen God mochten zij het beloofde land niet binnengaan en moesten zij veertig jaar in de woestijn blijven.

26. Jakob sprak zonder het te weten een vloek uit over de dief van de afgodsbeelden. Deze vloek wordt gezien als mogelijke oorzaak van Rachels dood (Genesis 31:32; 35:16–18).

27. Gehazi loog en nam geschenken aan die Elisa had geweigerd. Daarom werd hij melaats.

28. Uzzia overtrad de wet door zelf reukwerk te offeren in de tempel: iets wat alleen priesters mochten doen.

29. Ahazia raadpleegde een afgod in plaats van de HEERE. Daarom zou hij van zijn ziekte niet genezen.

30. Asa vertrouwde alleen op artsen en niet op God. Daarom werd hij niet genezen.

31. David pleegde overspel met Bathseba en liet haar man Uria doden. Als gevolg daarvan stierf hun eerste kind.

32. Zij besloten naar het kamp van de vijand te gaan in de hoop daar voedsel en leven te vinden.

33. Door de zonden van koning Joram en het volk leefde Israël onder de vloek, met honger en ziekte als gevolg.

34. God maakte Ezechiël tijdelijk stom als teken voor het volk, tot de profetie werd vervuld.

35. God raakte Jakobs heup aan tijdens een worsteling, waardoor hij mank liep.

36. In uitzonderlijke gevallen kan God ziekte gebruiken als teken of oordeel. Dit gebeurt altijd met een duidelijke reden zoals waarschuwing, zonde of een profetisch doel.

H6 GENEZING IN DE PSALMEN

Reden 24: God vergeeft en geneest

1. Wat roept David zijn ziel op te doen in Psalm 103, en waarom is dit belangrijk?

2. Waarom is het vreemd als mensen wel in vergeving geloven, maar genezing betwijfelen?

3. Wat leert Mattheüs 9:1–7 ons over Jezus' macht om te vergeven en te genezen?

4. Waarom is het goed om Gods weldaden op te schrijven en te onthouden?

Reden 25: In de schuilplaats van God

5. Wat betekent het om te overnachten in de schaduw van de Almachtige?

6. Hoe kun je de Bijbel persoonlijk maken in jouw geloofsleven?

7. Waar of niet waar. Wij hoeven nooit bang te zijn voor ziekte. Leg je antwoord uit.

8. Wat doen Gods engelen volgens Psalm 91?

9. Waar of niet waar. Toen de duivel Jezus verzocht, citeerde de duivel de Bijbel. Leg je antwoord uit.

10. Waarom mag je God niet verzoeken, ook al belooft Hij bescherming?

11. Wat kunnen wij doen tegen de pijlen die de duivel op ons afvuurt?

12. Wat betekent het beeld van "onder Zijn vleugels schuilen" volgens Maleachi?

Reden 26: God reageert op jouw roepstem

13. Wat deed David volgens Psalm 30 en hoe reageerde God daarop?

14. Waarom is deze Psalm een krachtig getuigenis?

Reden 27: God zegent de helpende

15. Wat is het gevolg van verstandig omgaan met een hulpbehoevende?

16. Leg Psalm 41:1–4 uit en gebruik de woorden "zaaien" en "oogsten" in je antwoord.

17. Wat wordt bedoeld met de uitspraak: "De HEERE zal hem ondersteunen op zijn rustbed"?

Reden 28: Fris en groen

18. Wat wordt bedoeld met de belofte dat ouderen nog fris en groen zullen zijn?

19. Waar of niet waar. Na de eerste veertig jaar wordt de mens steeds zwakker en kan hij steeds minder. Leg je antwoord uit.

Reden 29: God zendt Zijn Woord uit

20. Wat is de relatie tussen Gods gesproken Woord in Psalm 107 en Jezus Christus als het vleesgeworden Woord?

21. Waarom waren de mensen in Psalm 107 ziek, en hoe genas God hen?

Reden 30: Ik zal leven

22. Wat zegt Psalm 118:17 over ziekte en leven?

23. Wat leert het verhaal van de tien melaatsen ons over dankbaarheid?

Discussie- en toepassingsvragen

1. Welke (christelijke en wereldse) liederen zing jij? Heb je wel eens gelet op de inhoud van wat je zingt? Wil je altijd ontvangen wat je zingt? Neem een besluit om bewust om te gaan met de liederen die je wel of niet zingt.

2. In Psalm 41 lezen we dat wie zorgt voor een hulpbehoevende, zelf bescherming en genezing van God ontvangt. Wat zegt dit over de geestelijke principes van geven en ontvangen in Gods Koninkrijk? Help jij hulpbehoevenden?

3. Psalm 91 laat zien dat wie in Gods schuilplaats woont, bescherming ontvangt tegen ziekte en onheil. Hoe kun jij praktisch verblijven in Gods schuilplaats? Wat is daarvoor nodig?

4. Psalm 107 zegt dat God Zijn Woord zond en hen genas. Hoe kun jij Gods Woord actief gebruiken als instrument van genezing in jouw leven en in het bidden voor anderen?

5. Leer de volgende Bijbeltekst uit je hoofd:
Loof de HEERE, mijn ziel, en vergeet niet een van Zijn weldaden. Die al uw ongerechtigheid vergeeft, Die al uw ziekten geneest. (Psalm 103:2-3)

Antwoorden

1. David roept zijn ziel op om de HEERE te loven en Zijn heilige Naam niet te vergeten. Dat is belangrijk omdat dankbaarheid ons geloof versterkt en ons herinnert aan alles wat God al gedaan heeft.

2. Omdat Psalm 103:3 vergeving en genezing naast elkaar noemt als feiten. Als we vergeving vol vertrouwen aannemen, zouden we genezing met hetzelfde geloof moeten ontvangen.

3. Mattheüs 9:1–7 laat zien dat Jezus de macht heeft om zonden te vergeven én mensen te genezen. Voor Hem is het even eenvoudig om te vergeven als om te genezen.

4. Door Gods weldaden op te schrijven, herinner je jezelf aan Zijn goedheid, bouw je geloof op en kun je in moeilijke tijden kracht putten uit eerdere ervaringen met Gods trouw.

5. Het betekent dat je leeft in nauwe verbondenheid met God, onder Zijn bescherming en nabijheid, zowel overdag als 's nachts.

6. Door Bijbelteksten persoonlijk te maken, bijvoorbeeld door te zeggen: "**Mijn** God, op Wie **ik** vertrouw," en deze teksten te overdenken en toe te passen in je dagelijks leven.

7. Waar. We hoeven niet bang te zijn voor ziekte, omdat God ons beschermt zoals Psalm 91 belooft. Angst maakt plaats voor vertrouwen in Zijn nabijheid en beloften.

8. Gods engelen beschermen ons op al onze wegen. Ze dragen ons, zodat wij niet struikelen of vallen.

9. Waar. De duivel citeerde Psalm 91 toen hij Jezus in de woestijn verzocht. Hij kende de Schrift, maar gebruikte deze op een verkeerde manier.

10. Omdat God niet verzocht mag worden. Vertrouwen is goed, maar opzettelijk risico nemen om Gods ingrijpen af te dwingen is ongehoorzaam en onverstandig.

11. Door de wapenrusting van God aan te trekken (Efeze 6), vooral het schild van geloof en het zwaard van de Geest: het Woord van God.

12. Volgens Maleachi 4:2 betekent "onder Zijn vleugels" dat er genezing is bij God. Het beeld spreekt van liefdevolle bescherming en lichamelijk herstel.

13. David riep tot God in zijn benauwdheid. God hoorde hem, genas hem en hield hem in leven.

14. Deze Psalm is een krachtig getuigenis omdat ze laat zien dat God reageert op gebed, zelfs als de situatie uitzichtloos lijkt.

15. Wie hulpbehoevenden helpt, zal zelf beschermd worden, gelukkig zijn, ondersteund worden bij ziekte en genezing ontvangen.

16. Psalm 41 laat zien dat wie goed zaait (helpt in nood), ook goed zal oogsten (redding, bescherming en genezing). God beloont geven met herstel.

17. Het betekent dat God degene die ziek is kracht zal geven, hem zal ondersteunen en oprichten van zijn ziekbed. Hij verandert de situatie volledig.

18. Dat je op hoge leeftijd nog gezond, sterk, vruchtbaar en (geestelijk) actief bent. Je blijft krachtig als een jonge boom.

19. Niet waar. Psalm 92 leert dat rechtvaardigen ook op hoge leeftijd fris, krachtig en vruchtbaar zijn. Lichamelijke achteruitgang is geen vaststaand gegeven.

20. Psalm 107 spreekt over Gods gesproken Woord dat geneest. Jezus is het vleesgeworden Woord (Johannes 1) en Hij bracht genezing door wat Hij sprak en deed.

21. De mensen waren ziek door hun eigen zonden of dwaasheid. Toen zij God aanriepen, zond Hij Zijn Woord en genas hen volledig.

22. Psalm 118:17 zegt dat we niet zullen sterven, maar leven om Gods daden te verkondigen. Gods bedoeling is leven, niet vroegtijdige dood door ziekte.

23. Het leert ons om dankbaar te zijn voor genezing. Slechts één van de tien genezen melaatsen keerde terug om God te danken. Dankbaarheid is belangrijk voor eer en relatie. Jezus zei alleen tegen deze één dat hij behouden was.

H7 GENEZING IN SPREUKEN

1. Waarom is het boek Spreuken geschreven, en wat leer je in dit boek?

Reden 31: Lengte van dagen vermeerderen

2. Wat zegt Spreuken 3:13–18 over de gevolgen van het vinden van wijsheid?

3. Wanneer zullen je dagen volgens het boek Spreuken vermeerderd worden? Welke praktische aanwijzingen worden daarbij gegeven?

Reden 32: Gods Woord is een medicijn

4. Wat zegt Spreuken 4:20–22 over de uitwerking van Gods woorden op het lichaam?

5. Noem één verschil tussen globaal lezen en aandachtig lezen.

6. Wat wordt bedoeld met: "Neig je oor tot wat Ik zeg"?

7. Wat is het belang van het bewaren van Gods Woord in je hart?

8. Wat betekent het volgens Spreuken 4:23 om je hart te beschermen?

9. Hoe kan de Heilige Geest je helpen bij het lezen van de Bijbel en het ontvangen van openbaringen?

10. Is het altijd verkeerd om oriënterend te lezen in plaats van aandachtig te lezen? Waarom wel of niet?

11. Geef drie tips waardoor jij beter de Bijbel kunt lezen en begrijpen.

12. Hoe kun je ervoor zorgen dat de beloften van God niet wijken van je ogen?

Reden 33: Een gezond hart

13. Waarom is het belangrijk om vrolijk te zijn en niet voortdurend verdrietig?

14. Wat is het gevolg van een sterke geest tijdens ziekte?

15. Wat doet afgunst of jaloezie met het lichaam?

16. Wat zegt Spreuken over het verschil tussen ondoordachte woorden en wijze woorden?

17. Wat is de betekenis van "de tong is een boom des levens" in het licht van ziekte en genezing?

18. Welke praktische stappen kun je nemen om een gezond hart te bewaren en negatieve emoties te weren?

Discussie- en toepassingsvragen

1. Waarom denk jij dat woorden zoveel kracht hebben in ons leven?

2. Ervaar jij vreugde en vrolijkheid in je leven? Zo ja: wat geeft jou vreugde? Zo nee: wat zou je deze week kunnen veranderen om meer vreugde te ervaren?

3. Als er iemand in jouw omgeving ziek is, hoe gebruik jij dan jouw woorden om diegene te helpen? Spreek je alleen negatief over de situatie, of probeer je positief te spreken?

4. Welke stappen kun jij deze week zetten om Gods Woord als medicijn toe te passen in jouw dagelijks leven?

5. Leer deze Bijbeltekst uit je hoofd:
Mijn zoon, sla acht op mijn woorden, neig je oor tot wat ik zeg. Laat ze niet wijken van je ogen, bewaar ze in het binnenste van je hart. Ze zijn immers leven voor wie ze vinden, en genezing voor heel hun vlees. (Spreuken 4:20-22)

Antwoorden

1. Het boek Spreuken is geschreven om wijsheid, inzicht en vermaning te geven, zodat mensen leren wat goed en rechtvaardig is. Het leert je om verstandig te leven in relatie tot God en anderen.

2. Spreuken 3:13–18 zegt dat wie wijsheid vindt, gelukzalig is. Wijsheid brengt lengte van dagen, rijkdom, eer en vrede. Ze is als een levensboom voor wie haar vasthoudt.

3. Je dagen worden verlengd wanneer je leeft in de vreze des HEEREN, luistert naar Zijn geboden en wijsheid bewaart. Praktische aanwijzingen zijn: gehoorzaam God, wees nederig, leef rechtvaardig en neem wijze raad aan.

4. Spreuken 4:20–22 leert dat Gods woorden leven en genezing brengen voor wie ze vinden en bewaren. Ze werken als een medicijn voor het hele lichaam.

5. Globaal lezen is vluchtig en gericht op het overzicht. Aandachtig lezen is verdiepend en gericht op begrip en toepassing.

6. "Neig je oor tot wat Ik zeg" betekent: luister met volledige aandacht naar Gods stem en laat je niet afleiden.

7. Gods Woord in je hart bewaren betekent dat je van binnenuit volgens Zijn wil leeft. Het beïnvloedt je denken, spreken en handelen.

8. Spreuken 4:23 zegt dat je je hart moet beschermen, want daaruit vloeien de uitingen van het leven voort. Wat je toelaat in je hart bepaalt hoe je leeft.

9. De Heilige Geest helpt door inzicht te geven, teksten te verklaren en je hart te raken met Gods waarheid. Hij maakt het Woord levend en toepasbaar.

10. Nee, oriënterend lezen is niet verkeerd. Het kan nodig zijn om overzicht te krijgen. Voor verdieping, geloof en openbaring is aandachtig lezen echter essentieel.

11. Drie tips:
- Lees een tekst meerdere keren hardop.
- Stel de W-vragen: wie, wat, waar, waarom, hoe.
- Bid om hulp van de Heilige Geest voor inzicht en openbaring.

12. Door dagelijks Gods beloften te lezen, te overdenken, op te schrijven en te herhalen. Vermijd negatieve focus en richt je blik op het Woord.

13. Vreugde werkt genezend en versterkt je hart. Voortdurend verdriet kan leiden tot moedeloosheid en lichamelijke klachten.

14. Een sterke geest helpt om ziekte te verdragen en versterkt je weerstand, zowel geestelijk als lichamelijk.

15. Afgunst vreet aan je lichaam. Het veroorzaakt innerlijke onrust die ook lichamelijke gevolgen kan hebben.

16. Spreuken zegt dat ondoordachte woorden als zwaardsteken zijn, maar wijze woorden genezen en vrede brengen.

17. "De tong is een boom des levens" betekent dat woorden levendmakend zijn. Ze kunnen kracht, genezing en geloof voortbrengen, of het tegenovergestelde.

18. Praktische stappen zijn: vergeven, dankbaar zijn, dagelijks Gods Woord lezen, negatieve gedachten afwijzen, en positieve woorden spreken over jezelf en anderen.

H8 GENEZING IN DE PROFETEN

1. Waarover spraken de profeten in het Oude Testament? Noem minimaal drie onderwerpen.

Reden 34: De striemen van Jezus

2. Waarom spreekt Jesaja 53 ook over fysieke genezing en niet alleen over vergeving van zonden?

3. Noem twee momenten waarop Jezus werd mishandeld voor de kruisiging.

4. Wat zegt 1 Petrus 2:24 over de striemen van Jezus?

5. Waarom werd Jezus gegeseld volgens Jesaja?

6. Hoe laat de mishandeling en kruisiging van Jezus Gods liefde voor ons zien?

7. Wat betekent het dat onze genezing "al is gekomen"?

8. Waarom hoeven wij God niet eerst gunstig te stemmen om genezing te ontvangen?

9. Wat is het verband tussen Jezus' verzoenende werk voor zonde en voor ziekte?

Reden 35: De ziekte is gedragen

10. Welke twee dingen heeft Jezus volgens Jesaja 53:4 op Zich genomen en wat betekenen deze twee begrippen?

11. Hoe bevestigt Mattheüs 8:16–17 dat Jesaja sprak over lichamelijke genezing?

12. Waarom hoeven wij onze ziekten niet meer zelf te dragen?

Reden 36: De genezende Messias

13. Noem drie tekenen waaraan de Messias volgens Jesaja te herkennen is.

14. Wat zegt Jesaja 35:5–6 over doven en blinden, en waarom geldt deze profetie ook voor gelovigen vandaag?

15. Welke opdracht gaf Jezus na Zijn hemelvaart aan de gelovigen?

Reden 37: De vermoeiden ontvangen kracht

16. Wat belooft Jesaja 40 aan vermoeide mensen?

17. Waarom is het belangrijk om wijs om te gaan met je lichaam en voldoende rust te nemen?

18. Wat zegt Jezus in Mattheüs 11:28–30 over rust vinden bij Hem? Hoe kun je volgens deze tekst rust bij Hem vinden?

19. Waar of niet waar. God is al aanwezig voordat wij tot Hem bidden. Leg je antwoord uit.

Reden 38: Rechtvaardigheid en gezondheid

20. Wat zegt Ezechiël 14 over de bescherming van rechtvaardigen tegen de pest?

21. Waarom worden Noach, Daniël en Job aangehaald in Ezechiël 14?

Reden 39: God geneest Zijn schapen

22. Waarom noemt de Bijbel gelovigen regelmatig "schapen" en wat zegt dat over hun relatie met God?

23. Wat verwijt God de herders van Israël in Ezechiël 34? Noem vier dingen die zij nalieten.

24. Wat belooft God te doen als de herders hun taak niet vervullen?

25. Waarom spreekt Ezechiël over "Mijn dienaar David" als toekomstige herder?

26. Hoe verbindt Mattheüs 9:35–36 het beeld van schapen zonder herder met Jezus' genezende werk?

27. Waarom had Jezus volgens Mattheüs 9 arbeiders nodig voor de oogst? Waarom kon Hij niet alles zelf doen?

28. Wat zegt Jakobus 5:14–15 over de rol van leiders bij genezing in de gemeente?

29. Hoe laat Ezechiël 34 zien dat lichamelijke genezing ook een taak is van geestelijk leiderschap?

Reden 40: Genezing onder zijn vleugels
30. Wat belooft Maleachi 4:2 aan mensen die de Naam van de HEERE vrezen?

31. Waarom gebruikt de Bijbel het beeld van vleugels voor Gods bescherming en genezing?

Reden 41: De ballingschap was niet Gods wil
32. Wat was volgens de profeten de belangrijkste reden voor de ballingschap van Israël?

33. Welke boodschap gaven de profeten telkens opnieuw aan het volk vóór de ballingschap? Noem minimaal twee Bijbelteksten.

34. Wat laat Jona 3:10 zien over Gods reactie op bekering?

35. Noem minimaal twee vormen van oordeel die Israël troffen volgens de profeten.

36. Wat zegt Deuteronomium 28:61 over de relatie tussen ziekte en ongehoorzaamheid?

37. Wat was Gods doel met het sturen van profeten zoals Amos en Joël?

38. Waar of niet waar. Toen het volk ongehoorzaam werd, gaf God het één jaar om zich te bekeren voordat Hij de ballingschap stuurde. Leg je antwoord uit.

Discussie- en toepassingsvragen

1. Waarom is het belangrijk om te weten dat Jezus niet alleen stierf voor onze vergeving, maar ook voor onze genezing?

2. Hoe kunnen leiders vandaag praktisch zorgen voor gemeenteleden die ziek zijn? Hoe gebeurt dat in jouw gemeente?

3. Is het terecht dat mensen God de schuld geven van ziekte of ellende? Waarom wel of niet?

4. Wat betekent het voor jouw dagelijks leven dat genezing al gekomen is? Hoe kun je dit in geloof toepassen?

5. Leer de volgende Bijbeltekst uit je hoofd:
Voorwaar, onze ziekten heeft Híj op Zich genomen, onze smarten heeft Hij gedragen. (...) De straf die ons de vrede aanbrengt, was op Hem, en door Zijn striemen is er voor ons genezing gekomen. (Jesaja 53:4-5)

Antwoorden

1. De profeten spraken onder andere over:
- De ballingschap van Israël en Juda vanwege hun zonde.
- De komst van de Messias (Jezus).
- De wederkomst van Jezus en het herstel van alle dingen.

2. Jesaja 53 spreekt ook over lichamelijke genezing, omdat er letterlijk staat dat Jezus onze ziekten heeft gedragen en dat door Zijn striemen genezing is gekomen.

3. Jezus werd mishandeld toen Hij werd bespuwd en geslagen (Mattheüs 26:67), en toen Hij gegeseld werd door de Romeinen (Mattheüs 27:26).

4. 1 Petrus 2:24 zegt dat Jezus onze zonden in Zijn lichaam heeft gedragen aan het kruis, en dat wij door Zijn striemen genezen zijn.

5. Jesaja 53:5 zegt dat Jezus werd gegeseld, opdat er voor ons genezing zou zijn.

6. Gods liefde blijkt uit het feit dat Jezus vrijwillig leed en de ziekten van mensen droeg, zodat wij genezing konden ontvangen.

7. "Genezing is gekomen" betekent dat Jezus de prijs al volledig heeft betaald, en dat genezing in de geestelijke werkelijkheid al beschikbaar is.

8. We hoeven God niet eerst te overtuigen om te genezen, want Hij heeft het al gegeven door Jezus' kruisdood en opstanding.

9. Net zoals Jezus één offer bracht voor alle zonden, bracht Hij ook één offer om alle ziekten te dragen. Beide zijn inbegrepen in het verlossingswerk.

10. Jezus heeft onze ziekten (lichamelijke aandoeningen) en smarten (pijn en zwakte) gedragen. Dit betekent dat wij die niet meer zelf hoeven te dragen.

11. Mattheüs 8:16–17 laat zien dat Jesaja 53:4 over lichamelijke genezing spreekt, omdat Jezus mensen genas om deze profetie te vervullen.

12. Omdat Jezus de ziekten al heeft gedragen, hoeven wij ze niet meer zelf te dragen. Wij mogen gezond leven door Zijn offer.

13. Blinden zullen zien, doven zullen horen, kreupelen zullen lopen (Jesaja 35:5–6).

14. Jesaja 35:5–6 zegt dat doven en blinden genezing ontvangen. Deze profetie geldt ook voor vandaag, omdat Jezus de Messias is en Hij is nog steeds Dezelfde.

15. Jezus gaf de opdracht om het evangelie te prediken en zieken te genezen (Markus 16:15–18).

16. Jesaja 40 zegt dat wie op de HEERE wacht, nieuwe kracht zal ontvangen, zal opvaren met vleugels als van een arend, en niet moe zal worden.

17. Ons lichaam is door God geschapen en heeft rust nodig. Wie structureel te weinig rust neemt, kan lichamelijk en geestelijk uitgeput raken.

18. Jezus zegt dat wie bij Hem komt, rust zal vinden. Dat gebeurt door Zijn juk op je te nemen en van Hem te leren in zachtmoedigheid en overgave.

19. Waar. God is al aanwezig voordat wij bidden. Hij woont in ons door Zijn Geest en verlangt naar relatie, niet naar rituelen.

20. Ezechiël 14 laat zien dat rechtvaardigen zoals Noach, Daniël en Job door hun gerechtigheid beschermd werden tegen de pest.

21. Ze worden aangehaald als voorbeelden van mensen die rechtvaardig leefden en daardoor bescherming ontvingen van God.

22. De Bijbel vergelijkt gelovigen vaak met schapen omdat schapen kwetsbaar en volgzaam zijn, en leiding nodig hebben. Ze kunnen zichzelf niet beschermen, raken snel verdwaald en zijn afhankelijk van een herder. Dit beeld laat zien dat gelovigen voortdurend afhankelijk zijn van Jezus, de Goede Herder.

23. Ze versterkten de zwakken niet, genazen de zieken niet, verbonden de gewonden niet en brachten de verdwaalden niet terug.

24. God zegt dat Hij Zelf voor Zijn schapen zal zorgen, hen zal weiden, rust zal geven en de zieken zal genezen.

25. "Mijn dienaar David" is een profetisch beeld van Jezus als de Goede Herder die wel voor Zijn schapen zal zorgen.

26. Mattheüs 9:35–36 laat zien dat Jezus de menigte zag als schapen zonder herder. Hij werd innerlijk bewogen en genas hen daarom.

27. Jezus kon tijdens Zijn aardse bediening niet overal tegelijk zijn, daarom had Hij arbeiders nodig die ook het evangelie zouden prediken en zieken genezen.

28. Jakobus 5:14–15 zegt dat leiders (ouderlingen) voor zieken moeten bidden en hen met olie moeten zalven. Het gebed van geloof zal de zieke genezen.

29. Ezechiël 34 laat zien dat geestelijk leiderschap ook inhoudt dat men zorg draagt voor de lichamelijke genezing van de kudde.

30. Maleachi 4:2 zegt dat de Zon der gerechtigheid zal opgaan, en dat er genezing onder Zijn vleugels is voor wie de Naam van de HEERE vrezen.

31. Vleugels zijn een beeld van bescherming, veiligheid en nabijheid. God wil Zijn kinderen onder Zijn vleugels nemen, zoals een vogel haar kuikens beschermt.

32. Israël ging in ballingschap vanwege ongehoorzaamheid, af-goderij en het veronachtzamen van Gods geboden.

33. De profeten riepen het volk voortdurend op tot bekering. Voorbeelden: Ezechiël 18:31–32 en Joël 2:12–13.

34. Jona 3:10 laat zien dat God zich terugtrekt van oordeel als mensen zich bekeren.

35. Israël werd getroffen door onder andere de pest (Ezechiël 5), hongersnood (Jeremia 14) en het zwaard (Jeremia 24).

36. Deuteronomium 28:61 zegt dat ziekte onderdeel is van de vloek die volgt op ongehoorzaamheid aan Gods geboden.

37. God stuurde profeten zoals Amos en Joël om het volk te waarschuwen en tot bekering te roepen voor het oordeel zou komen.

38. Niet waar. God gaf het volk meerdere generaties de tijd om zich te bekeren (bijv. Jeremia sprak 23 jaar lang), maar het volk weigerde te luisteren.

H9 IEDEREEN GENAS

1. Waar of niet waar. Het Nieuwe Testament is beter dan het Oude Testament. Leg je antwoord uit.

Waarom wij naar Jezus moeten kijken

2. Waarom is het belangrijk om naar het leven van Jezus te kijken?

3. Wat zegt Hebreeën 1:3 over de relatie tussen Jezus en God de Vader?

Reden 42: Jezus genas iedereen

4. Hoeveel mensen genas Jezus volgens het evangelie van Johannes?

5. Noem drie kernzaken die Jezus in Galilea deed.

6. Waar of niet waar. Jezus koos zelf uit wie Hij wel of niet genas. Leg je antwoord uit en gebruik minimaal drie Bijbelteksten.

7. Waar of niet waar. Jezus gebruikte altijd alleen Zijn stem om zieken te genezen. Leg je antwoord uit.

8. Welke profetie werd in Mattheüs 8:16-17 door Jezus vervuld?

9. In Lukas 4:40 genas Jezus iedereen die bij Hem werd gebracht. Hoe deed Hij dat precies?

10. Waarom smeekten de menigten om Jezus aan te raken? Wat gebeurde er nadat zij dat deden?

11. In Johannes 6:2 lezen we dat een grote menigte Hem volgde. Wat was hun motivatie?

12. In hoeveel teksten in de Bijbel staat dat Jezus iedereen genas?

13. Waar of niet waar. In elk evangelie staat minimaal één tekst waarin staat dat Jezus de menigte genas. Leg je antwoord uit.

14. Wat was de reden dat Jezus in Zijn vaderstad weinig mensen kon genezen?

Reden 43: Jezus genas in alle omstandigheden

15. Wat deed Jezus nadat Hij hoorde dat Johannes de Doper was overleden?

16. Wat deed Jezus toen Hij boos werd over de geldwisselaars in de tempel, en wie mochten er toen wel zonder problemen bij Hem komen?

17. Waarom vond Jezus het belangrijker om te genezen dan om aanstoot te vermijden op de sabbat?

18. Waar of niet waar. Jezus genas de vijand toen Hij werd gearresteerd. Leg je antwoord uit.

19. Waarom genas Jezus eerst niet de Kanaänese vrouw, maar later wel?

20. Wat vindt God belangrijker: het brengen van offers of goeddoen tegenover hulpbehoevenden?

21. Waarom genas Jezus mensen, ondanks Zijn eigen omstandigheden?

22. Waar of niet waar. Jezus had nooit verdriet toen Hij op aarde was. Leg je antwoord uit.

Reden 44: Jezus Zijn opdracht

23. Waarom vroeg Jezus om meer arbeiders om te prediken, te genezen en demonen uit te drijven?

24. Wat moesten de discipelen de volken leren volgens Mattheüs 28?

25. Hoeveel mensen werden er in Lukas 9 en 10 uitgezonden om te prediken en te genezen?

26. Er was ook iemand die in Jezus' Naam demonen uitdreef, terwijl hij niet bij de groep hoorde die werd genoemd in Lukas 9 en 10. Wat vond Jezus hiervan?

27. Welke opdracht staat vermeld in Mattheüs 10:8? En moeten wij deze opdracht vandaag nog steeds uitvoeren?

Reden 45: De discipelen genazen alle zieken

28. Welke tekenen zullen gelovigen volgen volgens Markus 16?

29. Welke apostel bracht genezing door zijn schaduw?

30. Wat lezen we over Stefanus in Handelingen 6:8, en behoorde hij tot de twaalf apostelen?

31. Wat waren de tekenen die Filippus deed in Samaria, en behoorde hij tot de twaalf apostelen?

32. Wat gebeurde er met de zweetdoeken van Paulus volgens Handelingen 19?

33. Waar of niet waar. Paulus genas alleen de vader van Publius op het eiland Patmos. Leg je antwoord uit.

34. Hoe laat Handelingen zien dat genezing een blijvend onderdeel is van het christelijk leven, ook na de hemelvaart van Jezus?

35. Waarom is het logisch dat ook vandaag mensen genezen door de autoriteit van gelovigen?

Discussie- en toepassingsvragen

1. Hoe zouden kerken veranderen als alle gelovigen de opdracht van Jezus om zieken te genezen serieus nemen?

2. Sommigen denken dat Jezus te druk is om hun ziekte te genezen. Hoe zou jij hierop reageren?

3. Wat zegt het over Gods karakter dat Jezus zelfs zijn vijanden genas, zoals Malchus tijdens Zijn arrestatie?

4. Hoe kunnen we als gemeente een cultuur creëren waarin geloof voor genezing vanzelfsprekend wordt?

5. Leer de volgende Bijbeltekst uit je hoofd:
En Hij riep Zijn twaalf discipelen bij Zich en gaf hun macht over de onreine geesten om die uit te drijven, en om iedere ziekte en elke kwaal te genezen. (Mattheüs 10:1)

Antwoorden

1. Waar. Het Nieuwe Testament is beter dan het Oude Testament omdat het gebaseerd is op betere beloften (Hebreeën 8:6), Jezus de Middelaar is, en de volheid van genade is geopenbaard.

2. Jezus laat perfect zien wie God is. Als we naar Jezus kijken, zien we Gods wil en karakter – ook wat betreft genezing.

3. Jezus is het evenbeeld van God en straalt Zijn luister uit. Hij draagt alles wat bestaat door de kracht van Zijn woord.

4. Volgens Johannes 21:25 deed Jezus zoveel dat de wereld de boeken erover niet zou kunnen bevatten – Hij genas dus veel meer mensen dan er opgeschreven is.

5. Jezus gaf onderwijs, predikte het Koninkrijk van God en genas elke ziekte en elke kwaal.

6. Niet waar. Jezus genas allen die tot Hem kwamen. Zie Mattheüs 4:24, Mattheüs 12:15 en Lukas 6:19.

7. Niet waar. Jezus genas ook door handoplegging (Lukas 4:40), door aanraking (Mattheüs 14:36) en door het uitspreken van woorden (Mattheüs 8:8).

8. Dat Hij onze ziekten en zwakheden op Zich nam, zoals voorspeld door Jesaja.

9. Hij legde ieder van hen de handen op en genas hen.

10. Omdat er kracht van Jezus uitging en iedereen die Hem aanraakte, werd genezen.

11. Ze volgden Hem vanwege de tekenen die Hij aan de zieken deed.

12. In minstens twintig verzen staat dat Jezus iedereen genas.

13. Waar. In elk evangelie staat minstens één tekst waarin staat dat Jezus de menigte genas (bijv. Mattheüs 12:15, Markus 3:10, Lukas 6:19, Johannes 6:2).

14. Vanwege hun ongeloof en omdat zij Hem niet eerden.

15. Hij trok zich terug naar een eenzame plaats.

16. Hij joeg de geldwisselaars weg en genas vervolgens blinden en kreupelen in de tempel.

17. Omdat het goeddoen belangrijker is dan het vasthouden aan religieuze regels. Jezus wilde mensen direct helpen uit liefde.

18. Waar. Jezus genas Malchus, de dienaar van de hogepriester, tijdens Zijn arrestatie.

19. Eerst weigerde Jezus vanwege haar afkomst, maar toen zij geloof toonde, genas Hij haar dochter.

20. God verlangt liever dat mensen goeddoen en rechtvaardig leven dan dat zij slechts offers brengen.

21. Omdat Hij innerlijk bewogen was met mensen en hun lijden wilde wegnemen.

22. Niet waar. Jezus had verdriet, bijvoorbeeld bij het graf van Lazarus en na de dood van Johannes de Doper.

23. Omdat de oogst groot is maar de arbeiders zijn weinig. Jezus riep om meer werkers.

24. Ze moesten alle volken onderwijzen en leren alles te onderhouden wat Jezus geboden had – inclusief genezing.

25. Twaalf discipelen in Lukas 9 en zeventig anderen in Lukas 10: samen minimaal 82 mensen.

26. Jezus keurde het goed en zei dat Hij niet verhinderd moest worden. Hij zei: "Wie niet tegen ons is, is voor ons".

27. Genees zieken, wek doden op, reinig melaatsen, drijf demonen uit. Ja, deze opdracht geldt nog steeds.

28. Gelovigen zullen demonen uitdrijven, in nieuwe talen spreken, slangen oppakken, en als zij zieken de handen opleggen, zullen die genezen.

29. Petrus. Mensen werden genezen als zijn schaduw op hen viel.

30. Stefanus verrichtte grote tekenen en wonderen. Hij was geen apostel, maar een diaken.

31. Filippus genas vele kreupelen en dreef demonen uit. Hij was een evangelist, geen van de twaalf apostelen.

32. Zweetdoeken en doeken van Paulus brachten genezing en verdreven boze geesten.

33. Niet waar. Hij genas ook anderen op het eiland Malta, niet alleen de vader van Publius.

34. Handelingen laat zien dat genezing doorging na de hemelvaart van Jezus. De discipelen genazen zieken net als Jezus.

35. Omdat Jezus Zijn autoriteit en Geest aan gelovigen heeft gegeven. Wij zijn Zijn lichaam op aarde en handelen in Zijn Naam.

H10 GENEZING EN GELOOF

1. Welke rol speelt geloof in het ontvangen van genezing?

Overzicht individuele genezingen

2. In welke drie evangeliën vinden we het verhaal van de bloedvloeiende vrouw?

3. Hoeveel melaatsen werden in Lukas 17 genezen, en hoeveel keerden er terug om Jezus te bedanken?

4. Welke genezingsverhalen tonen dat Jezus ook mensen genas die niet tot Israël behoorden?

Reden 46: Geen aanzien des persoons

5. Wat dacht de bloedvloeiende vrouw voordat zij Jezus aanraakte en wat gebeurde er toen zij Hem aanraakte?

6. Wat zei Jezus nadat de bloedvloeiende vrouw Hem had aangeraakt?

7. Waar of niet waar. De bloedvloeiende vrouw was de enige in de Bijbel die Jezus in geloof aanraakte en daardoor genas. Leg je antwoord uit.

8. Waarom is het belangrijk om te beseffen dat God geen aanzien des persoons heeft?

Reden 47: Geloof geneest

9. Waar was Jezus mee bezig toen de bloedvloeiende vrouw Hem aanraakte, en hoe wist Hij dat Hij was aangeraakt?

10. Noem vier genezingsverhalen waarin geloof wordt genoemd als reden voor genezing.

11. Waarom was Jezus verbaasd over de hoofdman in Lukas 7?

12. Wie had(den) geloof in het verhaal van de verlamde man die door het dak werd neergelaten?

13. Wat zei Jezus over het geloof van de Kanaänese vrouw in Mattheüs 15:28? Waarom zei Hij dit tegen haar?

14. Waar of niet waar. Alle ziekten kunnen worden genezen door geloof. Leg je antwoord uit met behulp van een Bijbeltekst.

15. Wat leert Hebreeën 11:1 ons over geloof?

16. Wat is de relatie tussen geloof en vertrouwen, en hoe kun je op een gezonde manier geloof opbouwen?

Reden 48: Ongeloof belemmert de genezing

17. Wat gebeurde er toen de discipelen probeerden de maanzieke jongen te genezen, en wat was Jezus' reactie?

18. Wat deed Jezus met de jongen nadat de discipelen voor hem hadden gebeden? Waarom deed Jezus dit?

19. Wat vroegen de discipelen aan Jezus toen zij alleen waren, en wat was Zijn antwoord?

20. Wat zegt Jakobus 1 over twijfel en het ontvangen van iets van God?

21. Waarom moet je je hart beschermen tegen ongeloof?

22. Noem minimaal twee manieren om ongeloof te bestrijden.

23. Is het erg als er een gedachte van twijfel of ongeloof in je hoofd opkomt? Waarom wel of niet?

24. Wat betekent: "Voed je geloof en honger je ongeloof uit"? Leg dit uit met een praktisch voorbeeld.

Discussie- en toepassingsvragen

1. Waarom denk je dat Jezus soms direct sprak over geloof en ongeloof?

2. In hoeverre herken jij ongeloof of twijfel in je eigen leven als het gaat om genezing?

3. Stel je voor dat je ziek bent en genezing zoekt. Wat zou jij doen om je geloof te versterken en twijfel tegen te gaan?

4. Hoe kun je dit onderwijs over geloof en ongeloof delen met iemand die ziek is, zonder dat diegene zich veroordeeld voelt?

5. Leer de volgende Bijbeltekst uit je hoofd:
En Jezus zei tegen hem: Als u kunt geloven, alle dingen zijn mogelijk voor wie gelooft. (Markus 9:23)

Antwoorden

1. Geloof is de sleutel waardoor Gods genezende kracht ons leven kan aanraken. Door geloof wordt de zalving als het ware "geleid" naar de zieke, zoals bij de bloedvloeiende vrouw. Zonder geloof gebeurt er niets, ook al is Gods kracht aanwezig.

2. Het verhaal van de bloedvloeiende vrouw staat in Mattheüs, Markus en Lukas.

3. Tien melaatsen werden genezen, maar slechts één van hen keerde terug om Jezus te bedanken.

4. De genezing van de knecht van de Romeinse hoofdman (Mattheüs 8, Lukas 7) en de genezing van de dochter van de Kanaanese vrouw (Mattheüs 15) laten zien dat Jezus ook heidenen genas.

5. De vrouw dacht: "Als ik alleen Zijn kleren maar kan aanraken, zal ik genezen." Toen zij Jezus aanraakte, werd zij onmiddellijk genezen van haar kwaal.

6. Jezus zei: "Mijn dochter, uw geloof heeft u gered; ga in vrede, u bent van uw kwaal genezen."

7. Niet waar. Velen raakten Jezus in geloof aan nadat ze hadden gehoord wat er met de bloedvloeiende vrouw was gebeurd. In Markus 6:56 staat dat mensen Jezus aanraakten en allen die dat deden werden genezen.

8. Het is belangrijk omdat het ons laat zien dat genezing voor iedereen beschikbaar is. Wat God voor de één doet, wil Hij ook voor een ander doen. Dit versterkt ons geloof en voorkomt jaloezie of onzekerheid.

9. Jezus was onderweg om de dochter van Jaïrus te genezen. Hij merkte dat er kracht van Hem uitging en vroeg: "Wie heeft Mij aangeraakt?"

10.

- De hoofdman en zijn knecht (Lukas 7),
- De verlamde man die door het dak kwam (Mattheüs 9),
- De twee blinden (Mattheüs 9),
- De Kanaänese vrouw (Mattheüs 15).

11. Jezus was verbaasd omdat de hoofdman zo'n groot geloof had, zelfs groter dan Hij in Israël had gevonden. De hoofdman geloofde dat één woord van Jezus genoeg was om zijn knecht te genezen.

12. De vrienden van de verlamde man hadden geloof, want zij brachten hem via het dak naar Jezus. Jezus "zag hun geloof".

13. Jezus zei: "Groot is uw geloof; het zal gebeuren zoals u wilt." Hij zei dit omdat de vrouw geloofde dat zelfs een "kruimel" genoeg was om haar dochter te genezen.

14. Waar. Alle ziekten kunnen genezen worden door geloof, want Markus 9:23 zegt: "Alle dingen zijn mogelijk voor wie gelooft."

15. Hebreeën 11:1 leert dat geloof de zekerheid is van de dingen die men hoopt, en het bewijs van de dingen die men niet ziet.

16. Geloof en vertrouwen zijn nauw met elkaar verbonden. Geloof ontstaat uit vertrouwen in Gods karakter: je weet dat Hij doet wat Hij zegt. Geloof groeit door relatie, gebed, het lezen van Gods Woord, luisteren naar geloofsgetuigenissen en je omringen met mensen die geloof uitstralen.

17. De discipelen konden de jongen niet genezen. Jezus reageerde scherp en noemde hen ongelovig en ontaard. Hij wees op hun ongeloof als oorzaak.

18. Jezus bestrafte de demon en genas het kind. Hij deed dit omdat de discipelen het niet konden en omdat Hij bewogen was met het lijden van het kind, terwijl de menigte steeds groter werd.

19. Ze vroegen waarom zij hem niet konden genezen. Jezus antwoordde: "Vanwege jullie ongeloof." Hij legde uit dat zelfs geloof zo klein als een mosterdzaad wonderen kan doen.

20. Jakobus 1 zegt dat wie twijfelt, niets van God moet verwachten. Twijfel is als een golf die heen en weer geslingerd wordt door de wind.

21. Je hart bepaalt wat er uit je leven voortkomt. Als je hart vol ongeloof is, onderdrukt dat je geloof en belemmert het je om te ontvangen wat God belooft.

22.

- Vermijd negatieve invloeden, zoals mensen of informatie die twijfel zaaien.
- Vul jezelf met Gods Woord, prediking en geloofsgetuigenissen.

23. Nee, het is niet erg als er een gedachte van twijfel in je hoofd komt. Het wordt pas een probleem als je deze gedachte gaat voeden en toelaten in je hart. Door het Woord van God te spreken kun je deze gedachten verjagen.

24. Het betekent dat je je geloof actief versterkt (bijvoorbeeld door Bijbelteksten te lezen, belijden en overdenken) en geen ruimte meer geeft aan ongeloof (bijvoorbeeld door negatieve verhalen of twijfels te vermijden). Zoals een hond sterker wordt door voeding, zo groeit geloof als je het voedt.

H11 VERHINDER DE MENSEN NIET

1. Wie is er gekomen om te stelen, te slachten en verloren te laten gaan, en wie is er gekomen om leven en overvloed te geven?

Reden 49: Jezus genas op de sabbat

2. Wat vonden de farizeeën van het genezen op de sabbat, en waarom vonden ze dat?

3. Welke regels volgden de farizeeën naast de wet van Mozes, en waarom keurde Jezus dit (niet altijd) goed?

4. Overtrad Jezus de wet van Mozes toen Hij genas op de sabbat?

5. Wat moesten de Israëlieten volgens Deuteronomium 5 in gedachten houden op de sabbat?

6. Waarom vond Jezus het belangrijk dat mensen op de sabbat werden losgemaakt van de boeien van Satan?

Reden 50: De mens is belangrijk

7. Welk voorbeeld gebruikte Jezus om te laten zien dat een mens belangrijker is dan religieuze regels?

8. Hoe reageerden de farizeeën toen Jezus de man met de verschrompelde hand genas?

9. Wat belooft Psalm 91 aan mensen die God liefhebben?

10. Waarom noemt Jezus de farizeeën huichelaars in Lukas 13?

11. In Lukas 14 stond er een man met waterzucht voor Jezus op de sabbat. Wat deed Jezus, en wat zegt dit over Zijn houding ten opzichte van genezing op de sabbat?

Reden 51: Genezing is goed

12. Hoe reageert Jezus op de verharding van de harten van de farizeeën in Markus 3?

13. Waar of niet waar. wanneer mensen aanstoot nemen aan een genezing, moet je dit in het verborgene doen. Leg je antwoord uit.

14. Wat zeggen 1 Johannes 1:5 en Jakobus 1:17 over het karakter van God?

Reden 52: Genezing is een mens behouden

15. Wat betekent het Griekse woord sōzō?

16. Uit welke onderdelen bestaat de mens volgens 1 Thessalonicenzen 5, en wat is Gods doel met al deze onderdelen?

17. Waar of niet waar. Jezus vond genezing belangrijk, zelfs zo belangrijk dat Hij sprak over "een mens behouden of om laten komen". Leg je antwoord uit.

Reden 53: Genezing verheerlijkt God

18. Waar of niet waar. Mensen eerden en verheerlijkten God na een genezing. Leg je antwoord uit.

19. Wat wordt bedoeld met "vrucht dragen" in Johannes 15:8?

20. Wat deed de kromgebogen vrouw na haar genezing?

Reden 54: Genezing is Gods werk

21. Waar of niet waar. De man in Johannes 9 werd blindgeboren doordat zijn ouders hadden gezondigd. Leg je antwoord uit.

22. In Johannes 9 vroegen de discipelen naar de oorzaak van de blindheid van een man. Hoe reageerde Jezus daarop, en wat leert dit ons over waar onze focus hoort te liggen bij ziekte?

Reden 55: Genezing: het brood van de kinderen

23. Waarom wilde Jezus eerst geen genezing geven aan de Syro-Fenicische vrouw?

24. Waarom zei Jezus dat Hij "alleen gezonden was naar de verloren schapen van Israël"? Geldt dit nog steeds vandaag?

25. Waarom gebruikte Jezus de beeldspraak van "het brood van de kinderen" en "de hondjes"?

26. Hoe reageerde de vrouw op Jezus' afwijzing, en waarom is haar antwoord zo krachtig?

27. Wat betekent het als Jezus zegt: "Het zal gebeuren zoals u wilt"? Wat zegt dit over de relatie tussen geloof en ontvangen?

28. Waarom noemt Jezus genezing "het brood" en niet "een luxe maaltijd"? Wat zegt dit over Gods bedoeling met genezing?

29. In welk opzicht verwijst het "brood" ook naar het verbond dat God met Zijn volk heeft gesloten?

30. Hoe laat Efeze 2:11-18 zien dat ook heidenen nu toegang hebben tot het verbond en dus tot het "brood"?

31. Waarom is het belangrijk om onszelf niet als "hondjes" te blijven zien, maar als kinderen die recht hebben op het brood?

32. Wat is het verschil tussen naar Jezus gaan met je nood en naar Jezus gaan met geloof?

33. Waar of niet waar. Je mag nooit verdrietig zijn en je verdriet met God delen. Leg je antwoord uit.

Discussie- en toepassingsvragen

1. Wat kunnen wij leren van Jezus' houding tegenover traditie en menselijke regels? Herken jij tradities of menselijke regels in je eigen leven?

2. Ervaar jij dat de boodschap van genezing onder druk staat en mensen worden verhinderd om genezing te ontvangen? Waarom wel of niet?

3. Stel dat jij bidt voor iemand en je krijgt kritiek. Hoe kun je dan reageren zoals Jezus dat deed?

4. Vind jij het belangrijk dat er in kerkdiensten ruimte is om te bidden voor zieken?

5. Leer de volgende Bijbeltekst uit je hoofd.
Jezus nu zei tegen hen: Ik vraag u: wat is geoorloofd op de sabbat: goed te doen of kwaad te doen, een mens te behouden of om te laten komen? (Lukas 6:9)

Antwoorden

1. De dief (de duivel) komt om te stelen, te slachten en verloren te laten gaan. Jezus is gekomen om leven en overvloed te geven (Johannes 10:10).

2. De farizeeën vonden het verkeerd om op de sabbat te genezen, omdat ze hun eigen menselijke regels en tradities belangrijker achtten dan de bedoeling van de sabbat.

3. Ze volgden de overlevering van de ouden: menselijke regels die aan Gods wet waren toegevoegd. Jezus keurde deze tradities af wanneer ze Gods Woord buiten werking stelden.

4. Nee. Jezus overtrad niet de wet van Mozes, maar overtrad de extra regels die door mensen aan de wet waren toegevoegd.

5. Ze moesten gedenken dat God hen met sterke hand uit Egypte had bevrijd (Deuteronomium 5:15).

6. Jezus zag genezing als een daad van bevrijding. De sabbat herinnerde aan Gods verlossing, dus iemand op die dag bevrijden van Satans boeien paste bij de betekenis van de sabbat.

7. Jezus verwees naar het helpen van een dier (zoals een schaap of een os) op de sabbat. Als dat toegestaan was, dan mocht men zeker ook een mens helpen.

8. Ze werden boos en beraadslaagden hoe ze Jezus konden ombrengen (Mattheüs 12:14).

9. Psalm 91:14 zegt dat God zal bevrijden wie Hem liefheeft en beschermen wie Zijn naam kent.

10. Omdat ze wel hun dieren op sabbat hielpen, maar geen medelijden hadden met mensen. Ze misten barmhartigheid.

11. Jezus pakte de man vast, genas hem en liet hem gaan (Lukas 14:4).

12. Jezus keek hen toornig en bedroefd aan vanwege de verharding van hun hart (Markus 3:5).

13. Niet waar. Jezus genas openlijk, zelfs als er weerstand was. Hij liet Zich niet tegenhouden door kritiek en schaamde Zich niet voor genezing.

14. 1 Johannes 1:5 zegt dat God licht is en er in Hem geen duisternis is. Jakobus 1:17 zegt dat elke goede gave van God komt en dat Hij niet verandert. Dit toont dat God alleen goede dingen geeft, zoals genezing, en geen ziekte.

15. Het Griekse woord sōzō betekent redden, behouden, verlossen, genezen en zalig maken.

16. De mens bestaat uit geest, ziel en lichaam. God wil dat al deze onderdelen onberispelijk bewaard blijven (1 Thessalonicenzen 5:23).

17. Waar. Jezus vond genezing zo belangrijk dat Hij sprak over "een mens behouden of om laten komen". Dat laat zien hoe ernstig Hij het nam.

18. Waar. Mensen die genezen werden, loofden en verheerlijkten God (bijv. Lukas 13:13; Mattheüs 9:8).

19. Vrucht dragen betekent dat ons leven zichtbare resultaten voortbrengt die God verheerlijken, zoals liefde, genezing en dienstbaarheid.

20. Ze werd onmiddellijk opgericht en begon God te verheerlijken (Lukas 13:13).

21. Niet waar. Jezus zei dat de blindheid niet kwam door zonde van hem of zijn ouders, maar opdat Gods werk in hem zichtbaar zou worden (Johannes 9:3).

22. Jezus richtte zich niet op de oorzaak van de ziekte, maar op Gods werk. Ook wij mogen gericht zijn op herstel, niet op schuld. Het belangrijkste is dat mensen genezen en verder kunnen.

23. Omdat zij geen Jodin was. Jezus was op dat moment nog gezonden naar de Joden (Mattheüs 15:24).

24. Jezus was tijdens Zijn aardse bediening eerst gezonden naar Israël. Na Zijn opstanding werd het evangelie voor iedereen. Vandaag heeft iedereen toegang tot genezing.

25. De kinderen stonden voor Israël, de hondjes voor de heidenen. Jezus gaf hiermee aan wie eerst recht had op de zegeningen van het verbond.

26. Ze bleef volharden en sprak in geloof. Ze geloofde dat zelfs een kruimel uit Jezus' hand voldoende was.

27. Het toont dat geloof invloed heeft op wat wij ontvangen. Jezus handelde naar haar geloof.

28. Brood staat voor dagelijkse voeding. Jezus zag genezing niet als luxe, maar als basisbehoefte voor Gods kinderen.

29. Brood verwijst naar het verbond waarin God voorziet. Genezing hoorde bij de beloften van het verbond met Israël.

30. Heidenen die eerst buitengesloten waren, zijn nu door Jezus' bloed dichtbij gekomen en delen mee in het verbond (Efeze 2:11-18).

31. Omdat we in Christus geen buitenstaanders meer zijn, maar kinderen van God. En kinderen hebben recht op het brood.

32. Nood zoekt medelijden, geloof vertrouwt op wie Jezus is en wat Hij heeft gedaan. Geloof brengt het wonder tot stand.

33. Niet waar. Je mag je verdriet met God delen, zoals in de Psalmen. Maar het is belangrijk om ook te blijven vertrouwen en in geloof te spreken.

H12 WIE WERDEN ER GENEZEN?

1. Waarom is het belangrijk om jezelf niet te identificeren als een zieke, maar als een gezond persoon?

Reden 56: Jezus genas alle soorten ziekten

2. Noem minimaal vijf verschillende soorten ziekten of aandoeningen die Jezus genas.

3. Waarom worden in de evangeliën vooral ernstige en langdurige ziekten vermeld?

4. Waarom is het goed om ook voor kleine ziekten in geloof te staan?

5. Hoe kan geloof groeien volgens Lukas 17?

6. Waar of niet waar: alles wat Jezus heeft gedaan, staat opgeschreven in de Bijbel. Leg je antwoord uit.

Reden 57: Jezus genas langdurige ziekten

7. Wat kan een belangrijk verschil in denken zijn tussen iemand met een tijdelijke ziekte en iemand met een langdurige ziekte?

8. Wat deed Bartimeüs voordat hij genezen werd, wat zijn geloof liet zien?

9. Hoe lang was de vrouw met bloedvloeiingen al ziek voordat zij naar Jezus ging?

10. Waarom was de bloedvloeiende vrouw volgens de wet onrein, en waarom werd Jezus niet onrein toen zij Hem aanraakte?

11. Waarom gingen de melaatsen al naar de priester terwijl ze nog niet genezen waren?

12. Noem drie Bijbelse personen die minimaal tien jaar ziek of beperkt waren voordat zij werden genezen.

13. Hoe kwam de bloedvloeiende vrouw aan haar geloof dat Jezus kon genezen?

14. Waar of niet waar: Jezus genas mensen die vanaf hun geboorte ziek waren. Leg je antwoord uit.

Reden 58: Jezus wil genezen
15. Wat zei Jezus tegen de melaatse die vroeg of Hij hem wilde genezen, en waarom hoefde Jezus niet eerst God te raadplegen of Hij deze man wilde genezen?

16. Wat leert Handelingen 10:34-35 over Gods houding tegenover mensen?

Reden 59: Eén Woord is voldoende
17. Waarom wist de hoofdman dat Jezus met één woord kon genezen?

18. Hoeveel woorden had Jezus nodig om de knecht van de hoofdman te genezen?

19. Waar of niet waar. ook gelovigen hebben van Jezus autoriteit ontvangen om mensen te genezen of te bevrijden met één woord. Leg je antwoord uit.

Reden 60: Genezing is makkelijk voor Jezus
20. Wat zei Jezus tegen de verlamde man die door het dak werd neergelaten?

21. Wat is volgens Jezus gemakkelijker: vergeven of genezen?

22. Waar of niet waar. nergens in de Bijbel worden genezing en vergeving met elkaar in verband gebracht. Leg je antwoord uit.

Reden 61: Genezing hoort bij het koninkrijk
23. Noem twee kenmerken van het koninkrijk van God volgens Mattheüs 10 en Lukas 10.

24. Wanneer maakt iemand deel uit van Gods koninkrijk?

25. Waarom kunnen gelovigen aanspraak maken op genezing? Gebruik het woord "koninkrijk" in je antwoord.

Reden 62: Jezus geneest ook op afstand
26. Waarom had Jezus geen fysieke aanraking nodig om iemand te genezen?

27. Wat leert Psalm 107:20 over hoe God geneest?

28. Wat betekent het dat Jezus vandaag niet meer "op afstand" is?

29. Geef een voorbeeld van een genezing op afstand uit het leven van Jezus.

30. Geef een voorbeeld van een genezing op afstand in het boek Handelingen.

Discussie- en toepassingsvragen
1. Hoe kunnen wij vandaag in geloof genezing verwachten, ook al staat Jezus niet fysiek naast ons?

2. Hoe herken je of jouw identiteit gevormd wordt door je omstandigheden of door Gods waarheid?

3. Waarom geneest Jezus de ene keer met aanraking, de andere keer met een woord en soms op afstand?

4. Hoe zou jij iemand kunnen bemoedigen die al jaren ziek is?

5. Leer de volgende Bijbeltekst uit je hoofd:
Belijd elkaar de overtredingen en bid voor elkaar, opdat u gezond wordt. Een krachtig gebed van een rechtvaardige brengt veel tot stand. (Jakobus 5:16)

Antwoorden

1. Omdat God ons in Christus als gezond ziet. Als wij onszelf als ziek blijven zien, spreken wij niet de waarheid van Gods Woord over ons leven uit, maar laten wij ons leiden door omstandigheden in plaats van geloof.

2. Jezus genas onder andere blindheid, verlamming, melaatsheid, bloedvloeiingen en koorts.

3. Omdat deze genezingen voor iedereen zichtbaar waren en krachtig getuigden van de autoriteit van Jezus. Ze lieten zien dat Hij werkelijk de Messias was.

4. Omdat je dan leert om je geloof te gebruiken en te versterken. Kleine genezingen bouwen je geloof op voor grotere wonderen.

5. Volgens Lukas 17 kan geloof groeien zoals een mosterdzaadje: klein beginnen, maar groot worden als je het gebruikt.

6. Niet waar. In Johannes 20:30-31 staat dat Jezus nog veel meer tekenen deed die niet zijn opgeschreven, maar wat wél is opgeschreven, is genoeg om te geloven.

7. Iemand met een tijdelijke ziekte blijft zichzelf meestal als gezond zien, maar iemand met een langdurige ziekte gaat zich vaak identificeren met zijn ziekte en kan de hoop op genezing verliezen.

8. Bartimeüs wierp zijn mantel – een symbool van zijn blindheid – af voordat hij genezen was. Dat toonde zijn geloof in herstel.

9. Twaalf jaar.

10. Volgens de wet van Mozes was zij onrein vanwege haar bloedvloeiing. Jezus werd niet onrein doordat zij Hem aanraakte, omdat Zijn heiligheid sterker was dan haar onreinheid.

11. Omdat ze Jezus geloofden op Zijn woord. Ze handelden al alsof ze genezen waren, voordat ze het zagen.

12. De vrouw met bloedvloeiingen (12 jaar), de man bij Bethesda (38 jaar), en de vrouw die kromgebogen was door een geest (18 jaar).

13. Ze had over Jezus gehoord en geloofde dat een aanraking van Zijn kleed genoeg was om haar te genezen. Het horen van de verhalen over Hem wekte geloof in haar hart.

14. Waar. Jezus genas mensen die vanaf hun geboorte ziek waren, zoals de blindgeborene in Johannes 9.

15. Jezus zei: "Ik wil het, word gereinigd." Hij hoefde God niet te raadplegen, omdat het Zijn aard en wil is om mensen te genezen.

16. God maakt geen onderscheid tussen mensen. Hij aanvaardt ieder die Hem vreest en rechtvaardig leeft.

17. Omdat hij als hoofdman zelf gezag had en begreep hoe autoriteit werkt: wie bevel geeft, wordt gehoorzaamd.

18. Slechts één woord was genoeg.

19. Waar. In Mattheüs 10:1 gaf Jezus Zijn discipelen macht over ziekten en demonen. In Zijn naam kunnen ook wij spreken met autoriteit.

20. Jezus zei: "Uw zonden zijn u vergeven" en "Sta op, neem uw mat en wandel."

21. Volgens Jezus zijn vergeving en genezing voor Hem even gemakkelijk.

22. Niet waar. Genezing en vergeving worden in de Bijbel vaak samen genoemd, zoals in Psalm 103:3 en Jakobus 5:15-16.

23. Zieken genezen en demonen uitdrijven.

24. Iemand maakt deel uit van Gods koninkrijk vanaf het moment van wedergeboorte.

25. Omdat gelovigen burgers zijn van het koninkrijk van God, en genezing hoort bij de zegeningen van dat koninkrijk.

26. Omdat Zijn Woord krachtig is en Hij alle autoriteit heeft in hemel en op aarde.

27. Psalm 107:20 zegt dat God Zijn Woord uitzendt om mensen te genezen en te bevrijden.

28. Jezus is nu niet meer op afstand, want door de Heilige Geest woont Hij in ons.

29. De zoon van de hoveling in Johannes 4 werd genezen terwijl Jezus op afstand sprak.

30. In Handelingen 19 werden doeken van Paulus op zieken gelegd, en zij genazen, ook al was Paulus er niet bij.

H13 ONDERWIJS VAN JEZUS

Reden 63: Zowel Jezus als de Vader genezen

1. Waar of niet waar. Jezus kon niet uit Zichzelf genezen, maar deed dit alleen door de Heilige Geest. Leg je antwoord uit.

2. Noem twee Bijbelteksten waarin Jezus zegt dat gelovigen dezelfde werken zullen doen als Hij.

3. Wat laat Johannes 10:37-38 zien over het belang van de werken, zelfs in het leven van Jezus?

Reden 64: Het gaat om wonderen en tekenen

4. Waarom zijn wonderen en tekenen belangrijk voor het geloof?

5. Wat zegt Johannes 5:36 over de functie van Jezus' werken?

6. Waarom zijn wonderen en tekenen belangrijk voor het geloof?

7. Waar of niet waar. Alleen oudsten, voorgangers en apostelen zullen tekenen en wonderen volgen. Leg je antwoord uit.

8. Wat is het effect van een zichtbaar en duidelijk genezingswonder op de omgeving van de genezen persoon?

9. Waarom zijn woorden soms niet voldoende bij evangelisatie?

Reden 65: Alles is mogelijk voor wie gelooft

10. Wat was volgens Jezus de oorzaak dat de discipelen de jongen in Markus 9 niet konden genezen?

11. Wat zegt Jezus in Mattheüs 17:19-20 over geloof?

12. Hoeveel geloof heeft iemand nodig om mensen te kunnen genezen? Leg je antwoord uit.

13. Wat is de relatie tussen ongeloof en je zorgen maken?

14. Hoe helpt Jezus de vader van de zieke jongen om te geloven?

15. Wat leert het ons over Gods wil met betrekking tot genezing, dat Jezus de jongen wel kon genezen terwijl de discipelen dat niet konden?

Reden 66: Jezus kwam om mensen te behouden

16. Wat zegt Psalm 23 over Gods zorg voor mensen?

17. Wie is de goede herder voor de mensen en wat doet deze herder?

18. Wat is de betekenis van "leven in overvloed"?

Reden 67: Jezus ziet om naar iedereen

19. Wat leert de gelijkenis van het verloren schaap ons over Jezus' zorg?

20. Waarom was de vader van de verloren zoon blij toen deze terugkwam?

21. Waar of niet waar. de verloren zoon moest de vader eerst dienen voordat hij zijn positie als zoon terugkreeg. Leg je antwoord uit.

Reden 68: Jezus riep: het is volbracht

22. Wat betekent het als Jezus zegt: "Het is volbracht"?

23. Waarom hoeft Jezus niets nieuws meer te doen om genezing te geven?

24. Hoe kan het dat Jezus al voor genezing heeft gezorgd, terwijl mensen nog aangevallen kunnen worden met ziekte?

Discussie- en toepassingsvragen

1. Waarom is het voor ons belangrijk om te weten dat Jezus niet uit eigen kracht genas, maar dat de Vader door Hem werkte?

2. Jezus sprak geregeld over genezing. Waarom is onderwijs en prediking hierover zo belangrijk?

3. Wordt er in jouw kerk of omgeving vaak gepreekt over genezing? Waarom wel of niet?

4. Wist jij dat wonderen en tekenen belangrijk zijn voor evangelisatie? Hoe kun jij hierin wandelen?

5. Leer de volgende Bijbeltekst uit je hoofd:
maar zij gingen overal heen om te prediken, en de Heere werkte mee en bevestigde het Woord door de tekenen die erop volgden. Amen. (Markus 16:20)

Antwoorden

1. Waar. Jezus kon niet uit Zichzelf genezen, maar deed dit door de Heilige Geest die in Hem werkte. Johannes 5:19 zegt dat Hij alleen kon doen wat Hij de Vader zag doen.

2.

- Johannes 14:12: *"Voorwaar, voorwaar, Ik zeg u: Wie in Mij gelooft, zal de werken die Ik doe, ook doen, en hij zal grotere doen dan deze, want Ik ga heen naar Mijn Vader."*
- Markus 16:17-18: *"En hen die geloofd zullen hebben, zullen deze tekenen volgen: in Mijn Naam zullen zij demonen uitdrijven, met nieuwe tongen zullen zij spreken (...) op zieken zullen zij de handen leggen en zij zullen gezond worden."*

3. Jezus wees op Zijn werken als bewijs dat Hij en de Vader één zijn. Zelfs als mensen Zijn woorden niet geloofden, moesten zij geloven vanwege de werken.

4. Wonderen en tekenen bevestigen dat God aan het werk is en dat het evangelie waar is. Ze helpen mensen om tot geloof te komen.

5. Jezus' werken getuigen ervan dat de Vader Hem heeft gezonden.

6. Ze zijn opgeschreven zodat wij geloven dat Jezus de Christus is, de Zoon van God, en door dat geloof leven ontvangen.

7. Niet waar. Jezus zei in Markus 16:17-18 dat tekenen de gelovigen zullen volgen. Iedereen die gelooft, mag hierin wandelen, niet alleen leiders.

8. Mensen kunnen het wonder niet ontkennen. De genezen persoon wordt een levend getuigenis van Gods kracht.

9. Woorden kunnen betwijfeld worden, maar een zichtbaar

wonder laat iets onweerlegbaars zien en maakt het evangelie tastbaar.

10. De discipelen hadden ongeloof. Jezus zei dat ze hem niet konden genezen vanwege hun ongeloof (Mattheüs 17:20).

11. Jezus zegt dat geloof zo klein als een mosterdzaad genoeg is om een berg te verplaatsen, als er geen twijfel is.

12. Een klein geloof, zoals een mosterdzaadje, is voldoende, zolang het zuiver vertrouwen op God is. Het gaat niet om de grootte, maar om de echtheid van het geloof.

13. Zorgen maken is een vorm van ongeloof. Als je je zorgen maakt, vertrouw je niet volledig op God.

14. Jezus bemoedigde de vader en wees hem niet af, maar hielp hem om opnieuw te geloven.

15. Het laat zien dat het altijd Gods wil is om te genezen. Zelfs als mensen falen in geloof of kracht, verandert Gods wil niet. Hij wil altijd genezen.

16. God zorgt voor Zijn mensen als een herder. Hij leidt, verkwikt en beschermt hen (Psalm 23:1-3).

17. Jezus is de goede herder. Hij geeft Zijn leven voor de schapen en zorgt voor hen.

18. Leven in overvloed betekent leven met overvloedige vrede, gezondheid, vreugde en zegen, niet alleen overleven.

19. Jezus zoekt ieder mens persoonlijk op. Zelfs als 99 veilig zijn, gaat Hij op zoek naar die ene die verloren is.

20. De vader was blij omdat zijn zoon levend, gezond en hersteld terugkeerde.

21. Niet waar. De vader herstelde meteen de positie van zijn zoon. Hij hoefde zich niet eerst te bewijzen.

22. Jezus had alles volbracht wat nodig was voor redding, vergeving, bevrijding en genezing.

23. Omdat Jezus de prijs al volledig heeft betaald. Zijn werk is voltooid en er hoeft niets meer aan toegevoegd te worden.

24. De voorziening voor genezing is er al, maar mensen moeten deze in geloof ontvangen. Het is als een bestelling die al betaald is, maar nog opgehaald moet worden.

H14 GENEZINGEN IN HANDELINGEN

Reden 69: Wat ik heb, geef ik u

1. De kreupele man in Handelingen 3 hoopte dat Petrus hem geld zou geven. Wat zei Petrus tegen hem in plaats van geld te geven?

2. Hoe wist Petrus dat deze man in Handelingen 3 zou genezen, nog voordat het zichtbaar werd?

3. Noem twee tekenen in het verhaal van de kreupele man die een geloofsdaad laten zien.

4. Waar of niet waar. Petrus en Johannes zeiden tegen de genezen man dat hij niet mocht dansen en blij zijn, omdat dit niet gepast was in de tempel. Leg je antwoord uit.

5. Hoe lang was deze man bij de tempel al kreupel?

6. Waarom is het belangrijk om dankbaarheid te tonen als Jezus iets voor ons heeft gedaan?

Reden 70: Genezing geeft Bijbelse reacties

7. Wat was de eerste reactie van het volk toen ze de genezen man zagen?

8. Hoe reageerden de religieuze leiders op het wonder bij de tempelpoort?

9. Waarom zorgt een genezingswonder vaak voor verwondering?

10. Hoeveel mensen kwamen er tot geloof na de genezing van de kreupele man?

11. Waarom reageerden de religieuze leiders op deze manier? Wat waren hun motieven?

12. Leg uit hoe genezingen en wonderen voor open harten kunnen zorgen, zodat mensen tot geloof komen.

Reden 71: Jezus Zijn naam geneest

13. Waar of niet waar. Deze genezing kwam door de vroomheid van Petrus. Leg je antwoord uit.

14. Wat betekent het dat genezing de naam van Jezus verheerlijkt?

15. Door wie werd het geloof geschonken waardoor de man genas?

Reden 72: Genezing geeft vrijmoedigheid

16. Wat baden de discipelen nadat zij waren terechtgewezen door de leiders van het volk in Handelingen 4, en wat was Gods reactie op dit gebed?

17. Werd het gebed uit vraag 16 verhoord in het boek Handelingen? Leg je antwoord uit.

Reden 73: De kerk is de oplossing

18. Hoe was de kerk in Handelingen een oplossing voor lichamelijke en geestelijke nood?

19. Noem een voorbeeld uit Handelingen waaruit blijkt dat de wonderen die door de kerk werden gedaan niet alleen in besloten kring plaatsvonden, maar ook in het openbaar.

20. Waar of niet waar. De eerste kerk had meer bevoegdheid van God ontvangen om wonderen en tekenen te doen dan de kerk van vandaag. Leg je antwoord uit.

Reden 74: Het evangelie gaat over genezing

21. Hoe kreeg de kreupele man in Lystre geloof voor zijn genezing?

22. Waarom hoort genezing bij het evangelie van het Koninkrijk?

23. Wat zei Petrus over Jezus tijdens zijn eerste preek aan Cornelius?

24. Waar of niet waar. Genezing is een onbelangrijk onderwerp en mag je niet direct delen met pasgelovigen. Leg je antwoord uit.

Reden 75: Bovennatuurlijke bescherming

25. Hoe beschermde God Paulus tijdens de schipbreuk op zee?

26. Wat gebeurde er met Paulus nadat hij werd gebeten door een adder?

27. Waar of niet waar. Zoals God Paulus beschermde tijdens zijn evangelisatiewerk, wil Hij ook ons beschermen tegen gevaar. Leg je antwoord uit en gebruik een Bijbeltekst.

28. Mag je God op de proef stellen door opzettelijk en onnodig gevaarlijke dingen te doen?

29. Waarom is het belangrijk om te luisteren naar de Heilige Geest en niets te doen wat Hij ons verbiedt?

Discussie- en toepassingsvragen

1. Wat kunnen wij leren van de manier waarop Petrus handelde in geloof bij de genezing van de kreupele man?

2. Waarom zorgt genezing soms voor vervolging of weerstand, zelfs onder gelovigen?

3. Wat zou er gebeuren als de kerk vandaag weer massaal zou uitstappen in geloof voor genezing?

4. Wat zou jij deze week kunnen doen om uit te stappen in geloof, zoals Petrus en Johannes dat deden?

5. Leer de volgende Bijbeltekst uit je hoofd:
Geef Uw dienstknechten met alle vrijmoedigheid Uw Woord te spreken, doordat U Uw hand uitstrekt tot genezing en er tekenen en wonderen gebeuren door de Naam van Uw heilig Kind Jezus. (Handelingen 4:29-30)

Antwoorden

1. Petrus zei: "Zilver en goud heb ik niet, maar wat ik heb, dat geef ik u: in de Naam van Jezus Christus de Nazarener, sta op en ga lopen!"

2. Petrus wist dat hij autoriteit had ontvangen van Jezus om zieken te genezen (Mattheüs 10:1). Hij vertrouwde op Jezus' Woord en handelde in geloof, nog voordat de genezing zichtbaar werd.

3. Petrus pakte de man bij de hand en richtte hem op. De man sprong overeind en begon meteen te lopen en te springen. Beide handelingen tonen geloof en vertrouwen.

4. Niet waar. De man ging juist lopend, springend en God lovend de tempel binnen. Dit toont dat blijdschap en dankbaarheid een gepaste reactie zijn op genezing.

5. De man was al meer dan veertig jaar kreupel vanaf zijn geboorte.

6. Dankbaarheid eert God en erkent dat Hij de bron is van onze genezing. Jezus bekritiseerde zelfs mensen die genazen maar Hem geen dank kwamen brengen.

7. Het volk was vervuld van verbazing en ontsteltenis. Ze herkenden de man en verwonderden zich over wat er gebeurd was.

8. De religieuze leiders werden boos en wilden de apostelen gevangen zetten. Ze ergerden zich eraan dat er in de Naam van Jezus genezen en gepredikt werd.

9. Een genezingswonder is zichtbaar, bovennatuurlijk en onmiskenbaar. Het laat zien dat God leeft en krachtig werkt.

10. Ongeveer vijfduizend mannen kwamen tot geloof na de genezing en de prediking van Petrus (Handelingen 4:4).

11. Ze waren bang om hun invloed en gezag kwijt te raken en werden jaloers. Ze erkenden het wonder, maar wilden de verspreiding van Jezus' Naam tegenhouden.

12. Wonderen trekken aandacht en openen harten voor het evangelie. De verwondering leidt vaak tot geloof, zoals bij het volk na de genezing van de kreupele man.

13. Niet waar. Petrus zei: "Waarom kijkt u ons aan alsof wij door onze eigen kracht of vroomheid deze man gezond gemaakt hebben?"

14. Genezing brengt eer aan Jezus. Mensen erkennen dat Hij leeft, werkt en geneest. Zijn Naam wordt verhoogd.

15. Het geloof kwam van Jezus. Het geloof in Zijn Naam maakte de man volkomen gezond.

16. Ze baden om vrijmoedigheid om Gods Woord te spreken, en vroegen of God Zijn hand wilde uitstrekken tot genezing. God bewoog de plaats en vulde hen met de Heilige Geest.

17. Ja. In Handelingen 5:12 staat dat er veel tekenen en wonderen gebeurden door de handen van de apostelen.

18. De kerk was een plek van genezing en bevrijding. Mensen werden lichamelijk genezen en bevrijd van demonen. De kracht van God werkte zichtbaar.

19. In Handelingen 5 werden zieken op straat gelegd zodat zelfs de schaduw van Petrus hen zou aanraken. Dit gebeurde openlijk, in het openbaar.

20. Niet waar. De kerk toen en nu heeft dezelfde Heilige Geest en dezelfde autoriteit. God is niet veranderd.

21. Door te luisteren naar Paulus' prediking kreeg de man geloof. Paulus zag dat hij geloof had om genezen te worden en sprak hem toe (Handelingen 14:9).

22. Jezus genas tijdens Zijn bediening en zond Zijn discipelen uit om hetzelfde te doen. Genezing toont Gods liefde en kracht en hoort bij het evangelie van het Koninkrijk.

23. Petrus zei dat Jezus door God was gezalfd met de Heilige Geest en kracht, en dat Hij rondging, goeddoende en allen genezend die door de duivel overweldigd waren (Handelingen 10:38).

24. Niet waar. Genezing is een belangrijk onderdeel van het evangelie. Het werd direct gepredikt en toegepast, ook bij pasgelovigen.

25. God stuurde een engel om Paulus te bemoedigen en beloofde dat niemand zou omkomen. Allen kwamen veilig aan land.

26. Paulus werd gebeten door een giftige slang, maar schudde deze af in het vuur en had geen schade. De omstanders waren verbaasd dat hij niet stierf.

27. Waar. God beschermde Paulus tijdens zijn dienstwerk. Ook wij mogen vertrouwen op Gods bescherming. Jezus zei: "Als zij iets dodelijks drinken, zal het hun geen schade doen" (Markus 16:18).

28. Nee. Je mag God niet op de proef stellen. Jezus zei: "U zult de Heere, uw God, niet verzoeken" (Mattheüs 4:7).

29. De Heilige Geest leidt en beschermt. Als we Zijn stem negeren, lopen we risico op gevaar of missen we Gods zegen. Gehoorzaamheid brengt leven.

H15 GENEZING IN DE BRIEVEN

1. Wat zeggen Romeinen 15:19 en 2 Korinthe 12:12 over de bediening van Paulus?

2. Waarom komt genezing minder vaak voor in de brieven dan in de evangeliën en Handelingen?

Reden 76: De zieke zal behouden worden

3. Wat zegt Jakobus dat een zieke moet doen in de gemeente?

4. Waarom noemt Jakobus Elia als voorbeeld in Jakobus 5?

5. Wat is de rol van oudsten op het gebied van genezing?

Reden 77: Genezing en zalving van olie

6. De Bijbel spreekt over de zalving van zieken. Is de olie op zichzelf geneeskrachtig volgens Jakobus?

7. Wat symboliseert de olie volgens de Bijbel?

8. Heeft de Heilige Geest genoeg kracht om een zieke te genezen? Waarom wel of niet?

Reden 78: Bij bekering vindt er genezing plaats

9. Wat zegt Jakobus over vergeving en genezing?

10. Geef een voorbeeld van hoe ongezond gedrag ziekte kan veroorzaken.

11. Waarom werd Timotheüs aangeraden om een beetje wijn te drinken?

12. Moet iemand zich altijd bekeren om genezen te worden?

Reden 79: Lijden en ziekte horen niet bij elkaar

13. Wat bedoelde Jezus met "verdrukking" in Johannes 16:33?

14. Wat was Paulus' doorn in het vlees?

15. Wat gebeurde er na de steniging van Paulus in Handelingen 14?

Reden 80: Ons lichaam is een tempel
16. Hoe zag de tempel van God eruit in het Oude Testament?

17. Waarom beschrijft de Bijbel het lichaam van een gelovige als een tempel?

Reden 81: Johannes wenst dat alles goed gaat
18. Wat betekent het woord "wensen" in het Grieks?

19. Waarom weten we dat het gebed in 3 Johannes een gebed is naar de wil van God?

20. Aan wie schreef Johannes deze brief en wat wenste hij hem toe?

Reden 82: Een terugblik op de lijdende dienaar
21. Wat schrijft Petrus over de striemen van Jezus, en wat was het doel van Zijn striemen?

22. Aan wie schreef Petrus deze tekst, en waarom konden juist zij zich identificeren met Jezus' lijden?

Reden 83: Laat het lichaam bewaard worden
23. Wat bidt Paulus voor de gelovigen in 1 Thessalonicenzen 5?

24. Leg uit waarom de complete drie-eenheid van de mens voor God belangrijk is.

Reden 84: De dood is een vijand
25. Waarom is het belangrijk om ziekte als vijand te zien?

26. Hoe wordt de dood genoemd in 1 Korinthe 15:26, en wat zegt dit over Gods wil met betrekking tot dood en ziekte?

Reden 85: God heeft genezers aangesteld

27. Welke bedieningen noemt Paulus naast apostelen in 1 Korinthe 12:28? Noem ze allemaal.

28. Wat zegt 1 Korinthe over de plek van genezing in de structuur van de kerk?

29. Waarom is het belangrijk dat er specifieke mensen zijn die zich toeleggen op genezing en onderwijs over genezing in de gemeente?

Reden 86: De gaven van genezingen

30. Wie geeft de genadegaven van genezing aan de genezers volgens 1 Korinthe 12?

31. Wat wordt bedoeld met: "Het is dezelfde Geest, Heere en God"?

32. Waarom moeten we ons geloof niet stellen in de genezer, maar in God?

33. Waarom is het goed om te vertrouwen op de werking van de Heilige Geest door mensen heen?

Discussie- en toepassingsvragen

1. Waarom denk je dat sommige kerken weinig of geen aandacht geven aan genezing?

2. Wat vind jij van het idee dat jouw lichaam een tempel is van de Heilige Geest? Heeft dit invloed op hoe je nu met je lichaam omgaat?

3. Zijn er in jouw gemeente mensen die dienen in de gave van genezing? Zo ja, wie zijn dat? Zo nee, waarom denk je dat ze er niet zijn?

4. Heb jij wel eens iemand gezalfd met olie? Wat gebeurde er op dat moment of daarna?

5. Leer de volgende Bijbeltekst uit je hoofd:
Geliefde, ik wens dat het u in alles goed gaat en dat u gezond bent, zoals het uw ziel goed gaat. (3 Johannes 1:2)

Antwoorden

1. Paulus zegt in Romeinen 15:19 en 2 Korinthe 12:12 dat zijn bediening werd gekenmerkt door tekenen, wonderen en de kracht van de Heilige Geest. Dit waren de bewijzen dat hij een ware apostel was.

2. Genezing komt minder vaak voor in de brieven omdat deze vooral gericht zijn op onderwijs, correctie en bemoediging van de gemeenten. Er waren weinig vragen over genezing, dus schreven de apostelen er minder over.

3. Jakobus zegt dat een zieke de oudsten van de gemeente moet roepen, zodat zij voor hem kunnen bidden en hem met olie kunnen zalven in de naam van de Heere.

4. Elia wordt genoemd als voorbeeld van een gewoon mens die krachtig bad en verhoord werd. Jakobus laat hiermee zien dat gebed krachtig is als het in geloof gebeurt.

5. Oudsten hebben de opdracht om zieken in geloof te zalven met olie en voor hen te bidden, zodat zij genezen.

6. Nee. Jakobus zegt niet dat de olie op zichzelf geneest, maar dat het gelovige gebed de zieke zal behouden. De olie dient als een zichtbaar teken van geloof, een "punt van contact".

7. Olie is in de Bijbel een symbool van de Heilige Geest en van toewijding en zalving.

8. Ja. De Heilige Geest heeft de kracht om zieken te genezen. In Romeinen 8:11 staat dat Hij zelfs ons sterfelijke lichaam levend zal maken.

9. Jakobus zegt dat zonden vergeven worden als ze beleden worden, en dat dit samenhangt met genezing. Belijdenis en gebed leiden tot geestelijk en lichamelijk herstel.

10. Iemand die jarenlang ongezond eet, kan bijvoorbeeld overgewicht, hoge bloeddruk of diabetes krijgen.

11. Omdat wijn in die tijd gezonder was dan vervuild water. Het had een genezende werking op de maag van Timotheüs.

12. Niet altijd. Maar als zonde de oorzaak is van ziekte, is bekering noodzakelijk om genezing te ontvangen.

13. Jezus bedoelde met "verdrukking" vervolging, moeite en strijd vanwege het geloof, niet lichamelijke ziekte.

14. Paulus' doorn in het vlees was geen ziekte, maar een boodschapper van satan die hem tegenwerkte en vervolgde, onder andere via mensen.

15. Paulus stond na de steniging weer op, door een bovennatuurlijke aanraking van God. Daarna ging hij de stad weer binnen.

16. De tempel van God was het mooiste gebouw van Israël, vol goud, edelstenen en heiligheid. Alles moest heilig en volmaakt zijn.

17. Omdat de Heilige Geest in ons woont. Zoals Gods aanwezigheid vroeger in de tempel was, zo woont Hij nu in het lichaam van de gelovige.

18. Het Griekse woord is euchomai en betekent: wensen, verlangen of bidden.

19. Johannes bad naar de wil van God. Hij wist dat God wil dat het mensen goed gaat, zowel geestelijk als lichamelijk.

20. Johannes schreef aan Gajus. Hij wenste hem toe dat het hem in alles goed zou gaan en dat hij gezond zou zijn, zoals het zijn ziel goed ging.

21. Petrus schrijft dat wij door Jezus' striemen genezen zijn. Het doel van Zijn striemen was genezing voor ons lichaam.

22. Petrus schreef dit aan slaven die letterlijk slagen ontvingen. Zij konden zich identificeren met Jezus, die ook onschuldig leed.

23. Paulus bidt dat geest, ziel en lichaam onberispelijk bewaard blijven tot de komst van Jezus Christus.

24. Omdat lichaam, ziel en geest samenwerken. Als één deel uit balans is, heeft dat invloed op de andere delen. God wil herstel voor de hele mens.

25. Omdat je dan actief weerstand biedt tegen ziekte. Ziekte hoort niet bij Gods plan; het is een vijand, geen zegen.

26. De dood wordt in 1 Korinthe 15:26 "de laatste vijand" genoemd. Dit betekent dat God dood en ziekte niet als normaal ziet, maar als iets wat (in de toekomst) overwonnen moet worden.

27. Apostelen, profeten, leraren, krachten, genadegaven van genezing, hulpverlening, bestuurlijke gaven en allerlei talen.

28. Genezing is een wezenlijk onderdeel van de structuur van de kerk. God stelt genezers aan, net zoals apostelen en leraren.

29. Omdat dit laat zien dat genezing belangrijk is voor God. Het onderwijs over en de praktijk van genezing horen thuis in de gemeente.

30. De Heilige Geest geeft de genadegaven van genezing aan wie Hij wil, tot nut van anderen.

31. Het betekent dat Vader (God), Zoon (Heere) en Heilige Geest gezamenlijk betrokken zijn bij het werk van genezing. Ze werken als één.

32. Omdat alleen God geneest. Mensen zijn slechts instrumenten. Ons geloof moet gericht zijn op God, niet op mensen.

33. Omdat de Heilige Geest door mensen heen werkt. Als wij bidden, verwachten wij dat Hij hen gebruikt om Zijn genezende kracht zichtbaar te maken.

H16 OORSPRONG VAN ZIEKTE

Reden 87: De duivel maakt ziek

1. Wie maakt volgens Handelingen 10:38 mensen ziek en wie maakt mensen gezond?

2. Waarom was de kromgebogen vrouw achttien jaar lang ziek?

3. Welk verband zien we in Mattheüs 9:32-33 tussen demonie en ziekte?

4. Wat gebeurde er met de man in Mattheüs 12:22 toen de demon werd uitgedreven?

5. Hoe genas Jezus de schoonmoeder van Petrus? En wat deed zij nadat ze genezen was?

6. Waar of niet waar. Jezus kon alleen mensen genezen die ziek waren door demonie. Leg je antwoord uit.

7. Wat zegt 1 Johannes 3:8 over de roeping van Jezus met betrekking tot de duivel?

8. Noem vier open deuren waardoor demonen invloed kunnen krijgen op iemands leven.

Reden 88: Ziekte kan komen door zonde

9. Noem drie voorbeelden waarbij zonden kunnen leiden tot lichamelijke ziekte.

10. Wat was het gevolg van onwaardig deelnemen aan het avondmaal volgens 1 Korinthe 11?

11. Wat zei Jezus over de blindgeborene in Johannes 9:1-3? Was hij blind geboren vanwege zijn zonde?

12. Wat zegt Lukas 13:1-5 over het verband tussen rampspoed en persoonlijke schuld?

13. Waar of niet waar. Wanneer je ziek bent geworden door zonde, zal God je nooit genezen. Leg je antwoord uit.

Reden 89: God beloont niet met ziekte

14. Wat ontving Abraham als zegen van God volgens Genesis 24?

15. Waar of niet waar. Job was rijk en gezond, maar stierf ziek en arm. Leg je antwoord uit.

16. Wat is het algemene patroon dat zichtbaar wordt bij mensen die God gehoorzaamden in de Bijbel?

Reden 90: Verlost van de zondeval

17. Wanneer kwam ziekte in de wereld, en wat zegt dit over Gods wil met betrekking tot ziekte?

18. Wat symboliseerde de doornenkroon van Jezus?

19. Welke vergelijking wordt in Romeinen 5:15 gemaakt tussen Adam en Jezus?

Reden 91: Ziekte had een oorzaak

20. Waarom werd Zacharias met stomheid geslagen?

21. Waarom werd Herodes geslagen door een engel in het boek Handelingen?

22. Waarom stierven Ananias en Saffira volgens Handelingen 5?

23. Wat was de reden dat Barjezus tijdelijk blind werd?

24. Waarom werd Paulus (toen nog Saulus) blind volgens Handelingen 9 en hoe werd hij weer genezen?

25. Waarom waren er zieken en zwakken in Korinthe volgens 1 Korinthe 11:27-30?

26. Waarom werd Maria niet met stomheid geslagen, in tegenstelling tot Zacharias?

27. Waar of niet waar. Als God iemand ziek maakt, is daar altijd een reden voor. Leg je antwoord uit.

Discussie- en toepassingsvragen
1. Hoeveel mensen denk je dat vandaag de dag ziek zijn door demonische invloeden? En hoe ga je hiermee om?

2. Waarom is het belangrijk voor jouw Godsbeeld om te beseffen dat ziekte geen beloning van God is, maar een gevolg van de zondeval?

3. Wat vond je van de straf van Ananias en Saffira? Wat zegt dit over Gods heiligheid?

4. Zijn er in jouw leven gebieden waar je mogelijk de deur hebt opengezet voor ziekte of geestelijke onderdrukking? Wat kun je doen om hierin vrijheid te ontvangen?

5. Leer de volgende Bijbeltekst uit je hoofd:
hoe God Jezus van Nazareth gezalfd heeft met de Heilige Geest en met kracht en hoe Hij het land doorgegaan is, terwijl Hij goeddeed en allen die door de duivel overweldigd waren, genas, want God was met Hem. (Handelingen 10:38)

Antwoorden

1. De duivel maakt mensen ziek; Jezus maakt mensen gezond.

2. Omdat zij achttien jaar lang gebonden was door een geest van ziekte, die Jezus identificeerde als het werk van Satan.

3. Een demon maakte de man ziek. Toen de demon werd uitgedreven, genas hij onmiddellijk.

4. De man kon weer zien en spreken.

5. Jezus bestrafte de koorts. Daarna stond zij op en diende Hem.

6. Niet waar. Jezus genas ook mensen zonder demonische oorzaak. Hij heeft ons macht gegeven om alle ziekten te genezen.

7. Jezus is gekomen om de werken van de duivel te verbreken.

8. Voorbeelden: herhaaldelijke zonden, occultisme, seksuele immoraliteit, vervloekingen.

9.
- Ongezond eten: lichamelijke klachten
- Overmatig alcoholgebruik: leverproblemen
- seksuele immoraliteit: soa's.

10. Veel mensen werden zwak, ziek of stierven omdat zij het avondmaal onwaardig gebruikten.

11. Nee. Jezus zei dat zijn blindheid niet door zonde kwam, maar dat Gods werk zichtbaar zou worden.

12. Niet iedereen die lijdt, is een grotere zondaar. Iedereen moet zich bekeren, anders zullen allen omkomen.

13. Niet waar. Als iemand zich bekeert, wil God vergeving en genezing geven.

14. God zegende Abraham in alles en hij leefde tot op hoge leeftijd in goede gezondheid.

15. Niet waar. Job werd uiteindelijk dubbel gezegend: rijk en gezond.

16. Zij ontvingen voorspoed, gezondheid, vruchtbaarheid en bescherming van God.

17. Ziekte kwam in de wereld na de zondeval. Dat betekent dat ziekte geen deel was van Gods oorspronkelijke plan.

18. De doornen symboliseren de vloek op de aarde na de zondeval. Jezus droeg deze vloek op Zijn hoofd.

19. Door Adam kwam de dood, door Jezus kwam genade en leven.

20. Omdat hij de woorden van de engel niet geloofde.

21. Omdat hij zichzelf als god liet vereren en God de eer niet gaf.

22. Omdat zij logen tegen de Heilige Geest.

23. Omdat hij zich verzette tegen het evangelie en anderen ervan afhield.

24. Omdat hij Jezus vervolgde. Hij werd genezen nadat Ananias voor hem bad.

25. Omdat zij het avondmaal onwaardig gebruikten en het lichaam van Christus niet onderscheidden.

26. Maria geloofde meteen, maar Zacharias twijfelde.

27. Waar. God straft mensen niet zomaar met ziekte; er is altijd een duidelijke reden. (Bijvoorbeeld: Herodes, Ananias en Saffira)

H17 BEGRIPPEN EN NAMEN

Reden 92: De HEERE uw Heelmeester

1. In welk Bijbelvers noemt God zichzelf "de HEERE, uw Heelmeester"?

2. Wat is het verschil tussen een aardse arts en God als Geneesheer?

3. Waarom kunnen wij er vandaag de dag nog steeds op vertrouwen dat God onze Heelmeester is?

Reden 93: Jezus heeft ons gered: sōzō

4. Wat betekent het Griekse woord sōzō?

5. Noem twee Bijbelteksten waarin het woord sōzō voorkomt en leg uit wat het daar betekent.

6. Hoe toont Mattheüs 9:20-22 dat sōzō ook op lichamelijke genezing slaat?

7. Wat laat Handelingen 14:9-10 zien over de relatie tussen geloof en genezing?

8. Hoe helpt het begrip sōzō om het evangelie vollediger te begrijpen en te verkondigen?

9. Waarom is het belangrijk om bij elk gebruik van het woord sōzō de context van de tekst te onderzoeken?

Reden 94: Jezus geeft ons shalom

10. Wat betekent het Hebreeuwse woord shalom?

11. Waarom is het moeilijk om vrede te ervaren wanneer je ziek bent?

12. Wat is Gods oplossing voor zorgen en een gebrek aan vrede?

Reden 95: Refaël en Refaja

13. Wat betekenen de namen Refaël en Refaja?

14. Waarom kozen ouders ervoor om hun kind zo'n naam te geven? Noem een aantal mogelijke motieven.

Reden 96: God staat borg

15. Wat vroeg Job aan God in Job 17:3 en waarom verlangde hij dit?

16. Wat betekent het Griekse woord egguos in Hebreeën 7:22?

17. Wat betekent het dat God "borg" wil staan voor genezing?

Reden 97: Genezing in het avondmaal

18. Wat betekent het brood bij het avondmaal volgens 1 Korinthe 11?

19. Waarom werd het lichaam van Jezus gebroken volgens Jesaja 53:5?

20. Wat betekent de beker met wijn bij het avondmaal?

21. Waarom is het avondmaal ook een verbondsmaaltijd van genezing?

22. Hoe maakt Jezus in Johannes 6 duidelijk dat Zijn vlees en bloed levensveranderend zijn?

23. Wat betekent het dat het avondmaal het nieuwe verbond bevestigt?

24. Waarom is het belangrijk om tijdens het avondmaal Jezus te gedenken?

Discussie- en toepassingsvragen

1. Waarom heeft God zichzelf verschillende namen gegeven in de Bijbel? Hoeveel namen van God ken jij?

2. Wist je voordat je dit hoofdstuk las dat het woord sōzō ook op andere plaatsen in de Bijbel voorkomt dan alleen in verband met vergeving van zonden? Wat zegt dit over het evangelie?

3. Hoe zou jij aan iemand uitleggen dat het avondmaal ook spreekt over genezing?

4. Wat betekent jouw eigen naam? En als je kinderen hebt: wat betekenen hun namen? Heb je deze namen bewust gekozen vanwege de betekenis?

5. Leer de volgende Bijbeltekst uit je hoofd:
Als u aandachtig luistert naar de stem van de HEERE, uw God, en doet wat juist is in Zijn ogen, als u Zijn geboden gehoorzaamt en al Zijn verordeningen in acht neemt, dan zal Ik geen enkele van de ziekten over u brengen die Ik over Egypte gebracht heb, want Ik ben de HEERE, uw Heelmeester. (Exodus 15:26)

Antwoorden

1. Exodus 15:26: "Ik ben de HEERE, uw Heelmeester."

2. Een aardse arts is beperkt en werkt met natuurlijke middelen. God is almachtig, kent ons volmaakt en kan ons volledig genezen, zelfs wanneer menselijke hulp tekortschiet.

3. Omdat God zich in de Bijbel openbaart als "Ik ben": een aanduiding van voortdurende tegenwoordigheid. Hij is niet veranderd en is ook vandaag nog onze Geneesheer.

4. Sōzō betekent: redden, behouden, verlossen. Dit omvat zowel geestelijk als lichamelijk herstel.

5.

- Mattheüs 1:21: redding van zonden.
- Jakobus 5:15: genezing van ziekte.

6. Het woord sōzō komt drie keer voor in dit verhaal en verwijst naar lichamelijke genezing, redding door geloof en volledig herstel.

7. Geloof maakt lichamelijke genezing mogelijk. Paulus zag dat de man geloof had om genezen te worden en sprak het uit.

8. Het evangelie gaat niet alleen over vergeving van zonden, maar ook over herstel van lichaam, ziel en geest. Sōzō laat de volledigheid van Jezus' werk zien.

9. Omdat sōzō verschillende betekenissen kan hebben: redding van zonde, genezing van ziekte, of bevrijding van gevaar of dood. De context bepaalt de juiste toepassing.

10. Shalom betekent vrede, welzijn, rust, gezondheid, voorspoed, heelheid en harmonie.

11. Omdat pijn, zorgen en angst het moeilijk maken om innerlijke rust te ervaren.

12. Door op God te vertrouwen, onze zorgen op Hem te werpen, en te geloven dat Hij voor ons zorgt, zoals Hij ook voor de vogels zorgt.

13.
- Refaël betekent: "God heeft genezen."
- Refaja betekent: "Jahweh geneest."

14. De ouders kozen deze namen waarschijnlijk om God te danken en te erkennen dat genezing van Hem komt. Ze wilden daarmee hun geloof en dankbaarheid uitdrukken.

15. Job vroeg God om borg te staan voor zijn leven, omdat niemand anders voor hem instond. Hij verlangde naar rechtvaardiging en herstel.

16. Egguos betekent: borg of garant. Iemand die instaat voor de uitvoering van een verbond of belofte.

17. Dat God Zelf belooft herstel en genezing te geven. Zijn belofte is even betrouwbaar als een wettige garantie.

18. Het brood staat voor het lichaam van Jezus, dat voor ons gebroken werd, tot genezing van ons lichaam.

19. Jezus werd verwond en gebroken om onze ongerechtigheden. Door Zijn striemen is er genezing gekomen (Jesaja 53:5).

20. De beker staat voor het bloed van Jezus. Dit spreekt van het nieuwe verbond, vergeving van zonden en de inwoning van de Heilige Geest.

21. Omdat Jezus' lichaam en bloed niet alleen verlossing, maar ook genezing bewerken. Het avondmaal is een herinnering aan het verbond waarin genezing is inbegrepen.

22. Jezus zegt dat wie Zijn vlees eet en Zijn bloed drinkt, leven ontvangt, niet alleen in de toekomst, maar ook nu.

23. Het avondmaal herinnert ons aan de kracht van het nieuwe verbond, dat leven, genezing en vrijheid bevat.

24. Omdat we dan bewust stilstaan bij het werk van Jezus: Zijn verlossing, genezing en overwinning voor ons.

H18 GODS KARAKTER

Reden 98: Jezus en God zijn niet veranderd

1. Wat zegt Openbaring 21 over de gezondheidstoestand in de nieuwe hemel en de nieuwe aarde?

2. Wat betekent het dat Jezus gisteren, vandaag en tot in eeuwigheid Dezelfde is, met betrekking tot genezing?

3. Wat leert Maleachi 3:6 ons over God?

Reden 99: God kan niet liegen

4. Waarom is het belangrijk om te weten dat God niet kan liegen?

5. Wat zegt Johannes 14:6 over Jezus, en waarom laat dit zien dat Hij niet zomaar een goed mens was, maar goddelijke autoriteit heeft?

6. Hoe weten we dat wat Jezus deed, de wil van de Vader was?

Reden 100: God is een goede God

7. Hoe beschrijven Psalm 34:9 en Psalm 86:5 de goedheid van God?

8. Hoe blijkt uit Jakobus 1:17 dat God geen slechte dingen geeft?

9. Hoe kunnen wij weten dat genezing iets goeds is, en dat God het ons daarom wil geven?

Reden 101: God is onze Vader

10. Waarom is God als Vader zelfs beter dan een aardse vader?

11. Wat leert de gelijkenis van de verloren zoon ons over Gods houding tegenover Zijn kinderen?

12. Waar of niet waar. Als Vader laat God ons nooit alleen. Leg je antwoord uit.

Reden 102: God wil onze gebeden verhoren
13. Wat belooft Mattheüs 21:22 over gebed?

14. Onder welke voorwaarden wil God onze gebeden verhoren?

Reden 103: God is een Gever
15. Wat gaf God aan ons, volgens Romeinen 8:32?

16. Wat is Gods houding ten opzichte van onze behoeften, volgens Filippenzen 4:19?

Reden 104: Jezus' ontferming voor genezing
17. Waarom ontving Jezus striemen op Zijn rug?

18. Wat zegt Mattheüs 14:14 over de motivatie van Jezus om mensen te genezen?

19. Waarom wilde Jezus vaak niet dat mensen over hun genezing spraken?

Reden 105: Is God vergeten genadig te zijn?
20. Wat vraagt de psalmist zich af in Psalm 77?

21. Waarom is het belangrijk om Gods daden uit het verleden te gedenken?

22. Wat kun je doen als je twijfelt aan Gods genezende kracht?

Discussie- en toepassingsvragen
1. Wat betekent het voor jouw beeld van God dat Jezus nooit verandert?

2. Waarom is het bemoedigend dat Jezus mensen genas uit ontferming, en niet op basis van hun prestaties?

3. Hoe helpt het gedenken van Gods daden uit het verleden jou om vandaag te blijven geloven?

4. Op welke manier kun jij Gods goedheid weerspiegelen in hoe je omgaat met mensen die ziek zijn?

5. Leer de volgende Bijbeltekst uit je hoofd:
Hoe zal Hij, Die zelfs Zijn eigen Zoon niet gespaard maar voor ons allen overgegeven heeft, ons ook met Hem niet alle dingen schenken? (Romeinen 8:32)

Antwoorden

1. Openbaring 21 zegt dat er geen ziekte, dood, rouw, pijn of moeite meer zal zijn in de nieuwe hemel en aarde. Alles zal nieuw en volledig hersteld zijn.

2. Het betekent dat Jezus vandaag nog steeds mensen wil genezen, net zoals in het verleden en in de toekomst, omdat Zijn karakter en wil nooit veranderen.

3. Maleachi 3:6 leert dat God niet verandert. Zijn goedheid, beloften en wil, waaronder genezing, blijven dus altijd hetzelfde.

4. Omdat we er dan zeker van kunnen zijn dat Zijn beloften over genezing betrouwbaar zijn. God doet altijd wat Hij zegt.

5. Johannes 14:6 zegt dat Jezus de Weg, de Waarheid en het Leven is. Dit laat zien dat Hij zelf de waarheid ís, en dus spreekt met goddelijke autoriteit, niet slechts als een leraar.

6. Jezus zei dat Hij alleen deed wat Hij de Vader zag doen. Zijn genezingen waren dus een directe uitdrukking van Gods wil.

7. Psalm 34:9 zegt dat God goed is voor wie tot Hem vlucht, en Psalm 86:5 noemt Hem mild om te vergeven en overvloedig in goedheid.

8. Jakobus 1:17 leert dat elke goede gave van boven komt, van God, bij wie geen verandering is. God geeft dus geen ziekte, maar alleen het goede.

9. Genezing wordt in de Bijbel herhaaldelijk als iets goeds genoemd, bijvoorbeeld in de daden en woorden van Jezus. Omdat God goed is, geeft Hij goede dingen, waaronder genezing.

10. Omdat God volmaakt is in liefde, zorg en trouw. Hij faalt nooit, is niet egoïstisch en weet precies wat goed is voor Zijn kinderen.

11. Dat God verlangt naar herstel van relatie en welzijn, zelfs als iemand ver van Hem is weggegaan. Hij rent met open armen tegemoet wanneer iemand tot inkeer komt.

12. Waar. God is een trouwe Vader die ons nooit alleen laat, zelfs als wij Hem soms niet ervaren.

13. Mattheüs 21:22 belooft dat alles wat wij in geloof vragen in gebed, wij zullen ontvangen.

14. Als we bidden naar Gods wil, met geloof en een oprecht hart, wil God onze gebeden verhoren.

15. God gaf Zijn eigen Zoon, Jezus Christus, voor ons allen.

16. Filippenzen 4:19 zegt dat God in al onze behoeften zal voorzien, naar Zijn rijkdom, door Christus Jezus.

17. Jezus ontving striemen op Zijn rug als onderdeel van Zijn lijden voor onze genezing, zoals geprofeteerd in Jesaja 53. Hij nam vrijwillig onze ziekten en pijnen op zich.

18. Mattheüs 14:14 laat zien dat Jezus innerlijk met ontferming bewogen was. Vanuit liefde genas Hij de zieken.

19. Omdat Hij nog niet wilde dat Zijn identiteit als Messias publiekelijk bekend werd. Toch genas Hij mensen uit bewogenheid.

20. De psalmist vraagt zich af of God vergeten is goed te zijn, of Zijn beloften heeft opgegeven.

21. Omdat het ons geloof versterkt en ons herinnert aan Gods trouw en macht, ook nu nog.

22. Bid tot God, lees Zijn beloften opnieuw, herinner je eerdere wonderen en spreek geloof uit in plaats van twijfel.

EINDVRAGEN

1. Schrijf een korte samenvatting van 200 tot 400 woorden over de inhoud van dit boek.

2. Wat zijn de waardevolste lessen die je hebt geleerd tijdens het bestuderen van dit boek? Noem er minimaal drie.

3. Heeft dit boek jouw kijk op ziekte en genezing veranderd? Leg uit hoe.

4. Hoe kun je eraan bijdragen dat ook anderen openbaring ontvangen over God als Geneesheer?

5. Welke vragen of overwegingen heeft het boek bij je opgeroepen die je graag verder zou willen onderzoeken?

6. Zou je dit boek aanbevelen aan anderen? Waarom wel of niet?

7. Vind je dat genezing een belangrijk onderdeel is van de Bijbel en het geloofsleven? Heeft dit boek jouw standpunt hierover veranderd?

8. Welke reden uit dit boek sprak jou het meest aan en waarom?

9. Welke Bijbelverzen over genezing vind jij het meest krachtig of bemoedigend, en waarom?

10. Hoe kun jij het onderwijs over genezing toepassen in jouw leven, zodat je dagelijks wandelt in Gods gezondheid?